JN193397

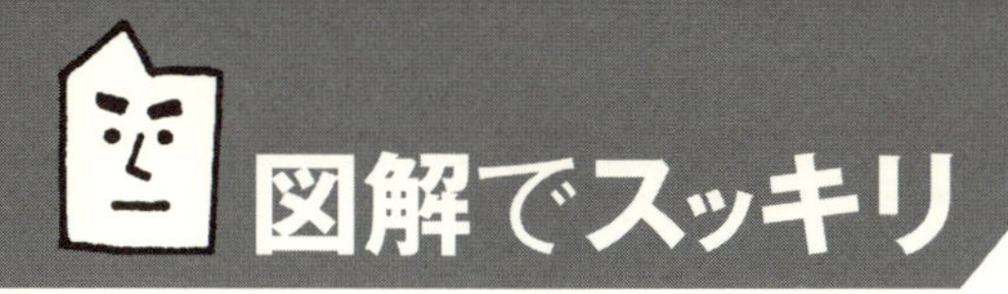

ソフトウェアの会計・税務入門

新日本有限責任監査法人［編］

中央経済社

発刊にあたって

会計に携わる方なら，「基準や実務指針，解説書を読んでみたが，難解でわからなかった」といった経験があるのではないでしょうか。本書は，図解やキャラクター，そして専門用語でない一般用語を用いた解説で，会計処理に関するもやもや感を「スッキリ」させることをねらいとしています。

本書のテーマはソフトウェアです。ソフトウェアは，制作目的，すなわち，受注制作のソフトウェア，市場販売目的のソフトウェア，自社利用のソフトウェアの３分類に区分され，それぞれに会計処理が定められています。このため「覚えることが多くて大変！」と感じる方もいると思われますが，本書では，それぞれの性質を説明したうえで，なぜその会計処理をするのかを丁寧に説明します。

また，平成30年３月30日に「収益認識に関する会計基準」が公表されました。受注制作のソフトウェアの取扱いを定めていた「工事契約に関する会計基準」や，ソフトウェア全般の収益の取扱いを定めていた「ソフトウェア取引の収益の会計処理に関する実務上の取扱い」は，これに伴い廃止されます。本書では，ソフトウェアに係る収益認識については，この結果，何が変わるのかといった解説もしています。

最後に，本書執筆にあたり，アドバイスいただきました株式会社中央経済社の末永芳奈氏にこの場をお借りして御礼を申し上げます。

平成30年４月

新日本有限責任監査法人　執筆者一同

本書の読み方

①原則，１見開き１テーマです。まずテーマを把握しましょう。テーマ別なので，知りたいor調べたいところだけのつまみ食いもOK！

1－2 ソフトウェアは目に見えない

制作の進捗がブラックボックス化しやすい

ソフトウェアは，**無形固定資産**のなかで異質な存在です。他の無形固定資産が権利や超過収益力といった「概念」であるのに対し，ソフトウェアは設計図を描いて**制作されたもの**なのです。その点で有形固定資産である建物や機械のほうがソフトウェアに似ています。

では有形固定資産とソフトウェアの作られる過程は，どういう点が共通し，どういう点が異なるのでしょうか。

共通点としては，設計図や進捗管理表が挙げられます。設計者（建築士，システムエンジニア）と制作者（大工さん，プログラマー）の共同作業のところも同じですね。

一方で，**制作の進捗度合や完成の事実の把握しやすさ**が異なります。有形固定資産は形があるので，制作進捗度合や完成の事実を目で確認することができます。しかしソフトウェアは目では確認できません。つまり制作の進捗がブラックボックス化しやすいのです。このためソフトウェアの制作の進捗度合や完成の事実を把握するには，担当者へのヒアリングや進捗管理表等のチェックを慎重に行う必要があるのです。

Key Word　無形固定資産とは

無形固定資産とは，物理的な実体がなく，金融資産以外のものです。日本の会計基準上，明確な定義はありませんが，財務諸表等規則では，特許権，借地権，商標権，実用新案権，意匠権，鉱業権，漁業権，ソフトウェア，のれん等が例示されています。

②右ページの図解と合わせ，読み進めていきましょう。重要な用語は，Key Wordとして強調し，＋αの知識は，Check！として紹介します。

③スッキリ丸の疑問や発見により，つまずきやすい点，論点を把握することができます。

§1　ソフトウェアの特異性　5

有形固定資産の建築 vs ソフトウェアの制作

	有形固定資産の建築	ソフトウェアの制作
書類の存在		
設計図	あり	あり
進捗管理表	あり	あり
進捗の様子や完成の事実の把握のしやすさ	目に見えるので，外部者でも把握しやすい	目に見えないので，心証を得にくい 書類はそろっているけれど完成しているの？

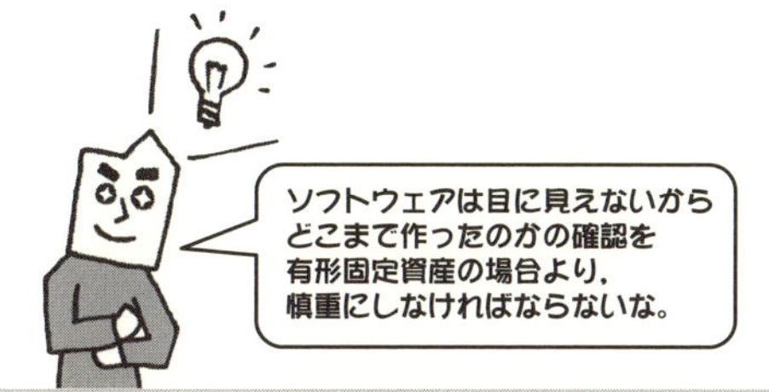

巻頭に，「ソフトウェアは出世魚!?科目と呼び名が変わるひみつ!!」も付けたよ。読んでね！

Contents

§4 ソフトウェアと引当金

§5 ベンダーの会計処理／市場販売目的の場合

ソフトウェアは出世魚!?
科目と呼び名が変わるひみつ!!

企画 ＞ 制作 ＞ テスト ＞ 完成 ＞ 販売・利用

Scene 1　３つのプロジェクトがスタート

スッキリソフトウェア社で，３つのプロジェクトがスタートしました。ソフトウェア制作に係るプロジェクトです。プロジェクトを束ねるスッキリ丸君に経理部のAさんが質問します。「会計処理に関連するので，聞きたいのですが，ソフトウェア制作の目的は何ですか？　つまり，販売するためか，自社で利用するためか。また販売するためなら，受注によるのか，大量生産して市場で売るのかということです。」

スッキリ丸君は，Aさんの協力を得て，各ソフトウェアの制作目的をまとめました。

#	制作のきっかけ	制作目的の判定
#1	会計ソフト（パッケージソフト）市場に参入するため	市場販売目的のソフトウェア
#2	ざっくり社からの受注	受注制作のソフトウェア
#3	自社でクラウドサービスを展開するため	自社利用のソフトウェア

へぇ，制作目的により，会計処理が変わるんだね。
具体的には，どんなふうに変わるの？

興味津々のスッキリ丸君に対し，Aさんは「また，おいおいお教えしますよ。」と言い置いて，職場に戻っていきました。

教訓

一、ソフトウェアは、制作目的により会計処理が異なる。

二、制作目的には、「市場販売目的のソフトウェア」「受注制作のソフトウェア」「自社利用のソフトウェア」の３タイプがある。

企画 制作 テスト 完成 販売・利用

Scene２　制作途中で決算期末を迎える

プロジェクトスタートから半年，スッキリソフトウェア社は決算期末を迎えました。再び経理部のAさんが現れます。「プロジェクトの進捗は，どんな具合ですか？」

Aさんはせっかちだねぇ。ソフトウェアは，通常，そんな簡単には完成しないよ。どのソフトウェアも，まだ制作途中だよ。

「進捗段階に応じ，会計処理が変わってくるためにお伺いしたんですよ。そうそう，先日の質問ですが，仕掛中のソフトウェアの決算期末の会計処理はこうなります。」

#	制作目的	仕掛中のソフトウェアの会計処理
#1	市場販売目的	最初に製品化された製品マスター（以下,「製品マスターVer.0」という）が完成するまでは**研究開発費**
#2	受注制作	仕掛品，または，費用計上と共に売上計上
#3	自社利用	ソフトウェア仮勘定*

＊　ただし将来の収益獲得，または，費用削減が認められない場合は，研究開発費。

「いやいや，研究開発してるんじゃないし！」と反発するスッキリ丸君にAさんは返します。「製品マスターすらできていないのでは，完成するか否か予測不能です。なので会計上は研究開発費として処理します。買主が決まっている受注制作のソフトウェアは，請負工事に準じ，工事完成基準または工事進行基準で処理します。」

教訓

一、市場販売目的ソフトウェアは、製品マスター Ver.0 ができるまで、研究開発費で処理される。

二、受注制作のソフトウェアは請負工事に準じ会計処理される。

三、自社利用のソフトウェアは、将来の収益獲得、または、費用削減が認められる場合に資産計上される。

企画 制作 **テスト** 完成 販売・利用

Scene３　製品マスターVer.0が完成した！

さらに半年が経過し，市場販売目的のソフトウェアの製品マスターVer.0が完成しました。これから完成に向け細かなバグ取りやテストを繰り返します。

これで経理部のAさんも文句ないだろう。今回は，「研究開発費で処理する」なんて言わせないぞ。

連絡を受け，Ａさんがやってきました。

「市場販売目的のソフトウェアを資産計上するには，販売意思も明らかになっていないとだめなんですよ」。

「販売意思あるよ！　だって販売するために作っているんだから！」と反論するスッキリ丸君にＡさんは返します。

「そういう気持ちの問題でなくて，販売段階に至っているという証拠がほしいですね。たとえば製品番号を付したり，カタログに載せたりということが…」

スッキリ丸君が提出した資料でようやくＡさんも，今後発生する経費は，ソフトウェア仮勘定に計上することを認めてくれました。「仕掛品（棚卸資産）ではなく，ソフトウェア仮勘定（無形固定資産）に計上するんだね？」というスッキリ丸君に，Ａさんは，「原盤を作成するための制作費ですよね。原盤は販売しないでしょ」とクールに返すのでした。

教訓

一、市場販売目的のソフトウェアの場合、「販売意思が明らかになる」ことも資産計上に求められる。

二、市場販売目的のソフトウェアは、仕掛品でなく、ソフトウェア仮勘定に計上される。

Scene４　ついにソフトウェアが完成する！

さらに半年後，スッキリ丸君たちは，ついにソフトウェアを完成させました。

#*1*（市場販売目的のソフトウエア）は，この原盤をばんばんコピーして販売するぞ。#2（受注制作のソフトウエア）は，納品の準備をしてくれ。#3（自社利用のソフトウエア）は，担当部署に引き渡すぞ。

#１（市場販売目的のソフトウェア）と#３（自社利用のソフトウェア）は，ソフトウェア仮勘定からソフトウェアに振り替えられました。#２（受注制作のソフトウェア）は，売上を通じ，制作原価が売上原価になりました。

「市場販売目的のソフトウェアは，原盤がソフトウェアに計上されますが，コピーをして販売するものは，製品になります。」経理部のAさんが解説します。「市場販売目的のソフトウェアの制作原価は，減価償却を通じて，製品原価になります。」Aさんは締めくくります。

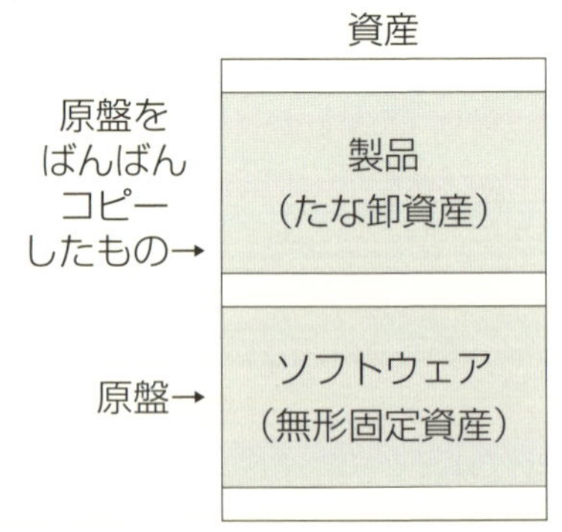

教訓

一、市場販売目的のソフトウェアおよび自社利用のソフトウェアは、完成後、ソフトウェア（無形固定資産）に振り替えられる。

二、市場販売目的のソフトウェアの制作原価は、減価償却を通じ、製品原価になる。

企画 ＞ 制作 ＞ テスト ＞ 完成 ＞ **販売・利用**

Scene 5　販売により改名!?

販売されたソフトウェアは，ユーザーの手元で名前が変わります。つまり，#2（受注制作のソフトウェア）は，ユーザーの手元で「自社利用のソフトウェア」に変身（？）するのです。一方，市場販売目的のソフトウェアの原盤は，スッキリソフトウェア会社に残るので，市場販売目的のソフトウェアのままです。原盤をばんばんコピーしたものは，販売されユーザーの手元にわたると「自社利用のソフトウェア」になります。

■ソフトウェア利用時のソフトウェアの分類

#	完成時の分類	利用時のソフトウェアの分類
#1	原盤：市場販売目的のソフトウェア ばんばんコピーしたもの：製品	原盤：市場販売目的のソフトウェア（利用者はベンダー） コピー：**自社利用のソフトウェア**（利用者はユーザー）
#2	受注制作のソフトウェア	**自社利用のソフトウェア**（利用者はユーザー）
#3	自社利用のソフトウェア	自社利用のソフトウェア（持ち主変わらず，制作者が利用する）

ソフトウェアは，利用につれ，減価償却されます。また状況により減損またはそれに準じた会計処理がなされます。注目すべきは，利用シーンに登場するソフトウェアは2つ，つまり自社利用のソフトウェアと市場販売目的のソフトウェアだけということです。減価償却費の取扱いに受注制作のソフトウェアが登場しないのは，こういうわけです。

教訓
一、ソフトウェアはユーザーの手元で、改名される場合がある。
二、利用シーンには「受注制作のソフトウェア」は登場しない。

§1

ソフトウェアの特異性

ソフトウェアには，ソフトウェアに限定して定められた会計処理があります。これはソフトウェアの特有な性質に関係があります。
ソフトウェアの会計処理を学ぶ前に，まずソフトウェアの特異性を考えてみましょう。

1－1 ソフトウェアとは

コンピュータが作動するための指令集

コンピュータはこれまで人間がやってきたことを同様に，または，より高速かつ正確に行うことができます。しかし，「○○をやってくれ」といってもコンピュータは動けません。コンピュータを動かすには仕事を細かい手順に分け，客観的な指令を与えることが必要です。

たとえば，ある駅までの最短ルートをコンピュータに調べさせる場合を考えてみましょう。この場合の手順・指令はおおむねこのようになります。

①　乗車駅・降車駅から考えられるルートをリストアップせよ ②　時刻表や乗換時間データベースと希望時刻から時間を計算せよ ③　時間がかからないものから３つ示せ ＊これはイメージで，実際の指令はもっと詳細です。

コンピュータはこうした指令をこのままでは理解できません。これを**コンピュータが理解できる言語に翻訳したものがプログラム**であり，**コンピュータが完全に機能するようになった集合体がソフトウェア**なのです。

Check!　会計基準でのソフトウェアの範囲は？

会計基準上もソフトウェアの定義は，「コンピュータに一定の仕事を行わせるプログラム」ですが，範囲はもう少し広く，「システム仕様書，フローチャート等の関連文書」といった設計段階に作成される様々な書類が含まれます。

コンピュータが動くには，ソフトウェアが必要

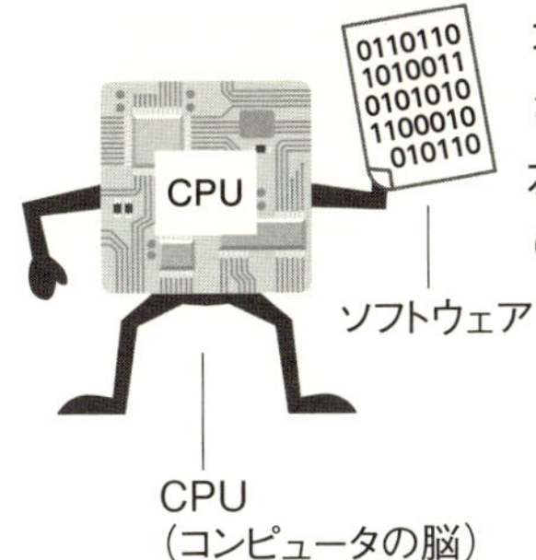

コンピュータは，ソフトウェアに従い，入力された条件やデータベースから答えを導く。左ページの場合は，以下のような流れとなる（イメージ）。

指令①乗車駅・降車駅から考えられるルートをリストアップせよ

対応①乗車駅A駅，降車駅B駅の条件だと，このルートの組み合わせとなる

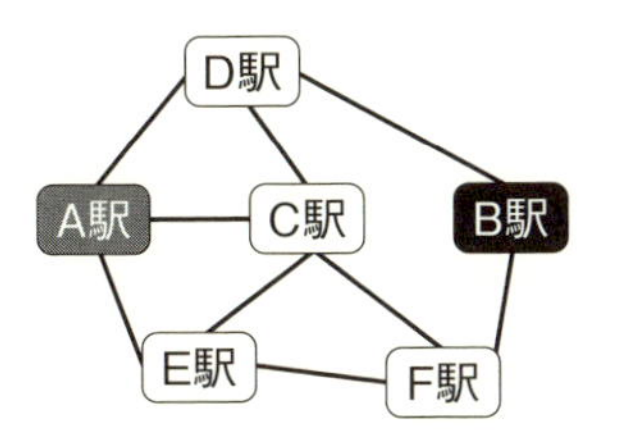

指令②時刻表や乗換時間データベースと希望時刻から時間を計算せよ

対応②各区間にかかる時間は右記のとおり

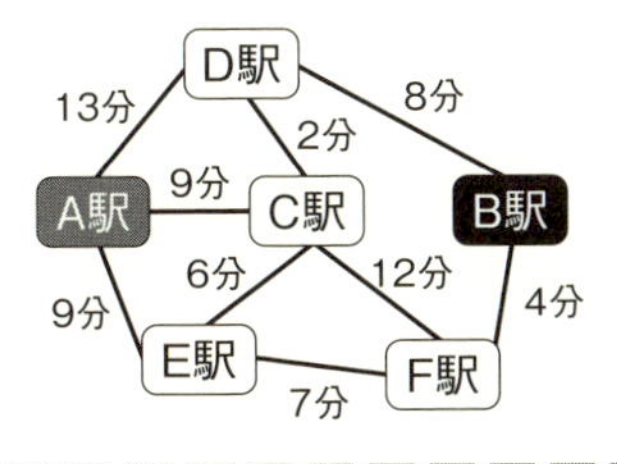

指令③時間がかからないものから３つ示せ

対応③答えは右の３通り！

経路	時間
A駅→C駅→D駅→B駅	19分
A駅→E駅→F駅→B駅	20分
A駅→D駅→B駅	21分

1−2 ソフトウェアは目に見えない

制作の進捗がブラックボックス化しやすい

ソフトウェアは，**無形固定資産**のなかで異質な存在です。他の無形固定資産が権利や超過収益力といった「概念」であるのに対し，ソフトウェアは設計図を描いて**制作されたもの**なのです。その点で有形固定資産である建物や機械のほうがソフトウェアに似ています。

では有形固定資産とソフトウェアの作られる過程は，どういう点が共通し，どういう点が異なるのでしょうか。

共通点としては，設計図や進捗管理表が挙げられます。設計者（建築士，システムエンジニア）と制作者（大工さん，プログラマー）の共同作業のところも同じですね。

一方で，**制作の進捗度合や完成の事実の把握しやすさ**が異なります。有形固定資産は形があるので，制作進捗度合や完成の事実を目で確認することができます。しかしソフトウェアは目では確認できません。つまり制作の進捗がブラックボックス化しやすいのです。このためソフトウェアの制作の進捗度合や完成の事実を把握するには，担当者へのヒアリングや進捗管理表等のチェックを慎重に行う必要があるのです。

Key Word　無形固定資産とは

無形固定資産とは，物理的な実体がなく，金融資産以外のものです。日本の会計基準上，明確な定義はありませんが，財務諸表等規則では，特許権，借地権，商標権，実用新案権，意匠権，鉱業権，漁業権，ソフトウェア，のれん等が例示されています。

有形固定資産の建築 vs ソフトウェアの制作

	有形固定資産の建築	ソフトウェアの制作
書類の存在		
設計図	あり	あり
進捗管理表	あり	あり
進捗の様子や完成の事実の把握のしやすさ	目に見えるので，外部者でも把握しやすい	目に見えないので，心証を得にくい 書類はそろっているけれど完成しているの？

1－3 ソフトウェアはコピーできる

製品マスターのコピーでどんどん生産！

ソフトウェアに特有な性質の１つに**コピー可**ということがあります。これは大量生産されるソフトウェアの場合，効いてきます。たとえば，ワープロソフト，表計算ソフト，パソコンのOSソフトなどは標準的な仕様のため大量生産し販売されます。こうしたソフトウェアは**製品マスター**さえできれば，追加費用をほとんどかけることなく，**コピーでどんどん**生産できます。この優位性は他の製品と比べると明瞭です。

製品	追加で生じる主たる製造原価
ソフトウェア	CDやフロッピーディスク等の記憶媒体やパッケージ等，コピーをするための人件費・経費
自動車	直接材料費，人件費，外注費，光熱費，減価償却費等

自動車の場合も試作品を作成します。大量生産にあたっては，最終の試作品の設計図や金型を利用しますが，生産量に応じて材料費や人件費・経費が発生します。

このようにコピーだけで製品を作れる製品マスターは，資産性があるといえるでしょう。市場販売目的のソフトウェアの製品マスターは資産計上されますが，こうした背景があるのですね。

Key Word　製品マスターとは

それ自体を販売するのではなく，それをコピーすることにより製品を作成するための，ソフトウェアの原盤のことです。

製品マスターのコピーでソフトが大量生産できる！

■自動車の場合

最終の
試作品

試作品で作った設計図や金型は利用できるが，生産量に応じた原材料費・人件費・経費がかかる。

原材料費

人件費

経費

外注費

光熱費

減価償却費

■ソフトウェアの場合

製品マスターの
原盤

製品マスターのコピーで，
ソフトウェアができる。

原材料費

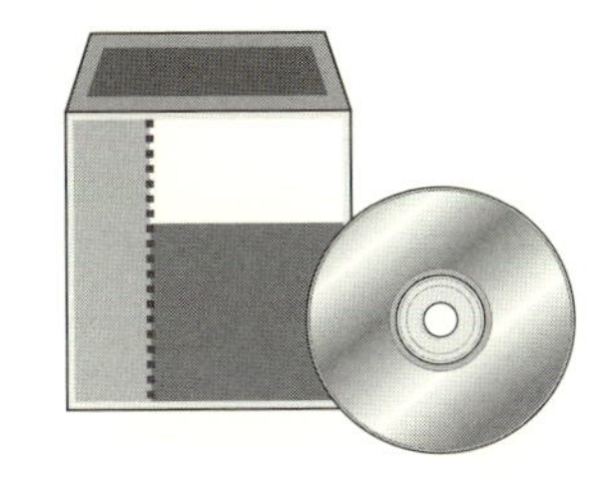

ソフトウェアはコピーできるので，生産工程での追加費用が少ないね！

1－4 ソフトウェアにバグはつきもの

販売後にバグが発見された場合の売り主の責任は？

バグとは，コンピュータプログラムの誤りのことです。プログラムを作るにあたっては，コンピュータへの指令を列挙し，プログラミング言語（プログラム作成用の言語）にし，機械語というコンピュータが理解できる言葉に変換します。この過程において，指令が論理的でない（例：プログラム内にないものを参照する指令），または書き誤り（例：スペルミス，カンマとピリオドを誤る）があると，バグになります。

プログラムは何千，何万行から成るので，どれほど注意を払っても，バグの発生を完全に防ぐことはできません。人間に仕事を頼む場合であれば，多少の言い誤りや指示もれがあっても，適宜解釈してくれるでしょうが，コンピュータの場合はそうはいきません。**コンピュータは作り手が思ったように動くのではありません。プログラムに書いてあるとおりに動くのです**。このためソフトウェア制作には「バグ取り」という工程があります。この工程を経てさらにテストをし，コンピュータ作動に支障がないまでバグが取れて初めて，ソフトウェアは完成します。

こうして万全を期して販売をしても，バグを完全に取りきることは難しく，販売後にバグによるコンピュータの誤作動が生じることがあります。こうした場合，売り主は民法の瑕疵担保責任(*)や買い主と取り交わした契約に基づき，無償でプログラムの修正をすることとなります。つまりソフトウェアの売り主は，販売に際しアフターコストの可能性を念頭においておく必要があるのです。

（*）改正後の民法施行後は，契約不適合責任となる。

バグがあると，コンピュータは誤作動をおこす

コンピュータは，作り手が思ったように動くのではなく，プログラムに書いたように動く。なので，バグがあると誤作動や暴走をおこすことがある。

■プログラムに論理矛盾がある場合

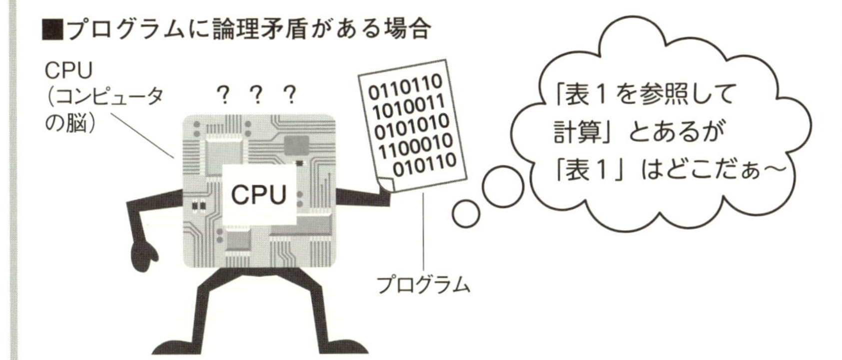

■プログラミング言語上の書き誤りの場合

01101101
10100110
0101 101
11000101
010110

プログラミング語の指令に書き誤りがあると，変換後の機械語が意味不明のものとなる。

瑕疵担保責任とは，売買時に通常の注意ではわからないような欠陥があった場合，売り主が負う責任だ。故意や過失がなくても負わなくてはならない。きびし～い！

1－5 ソフトウェアは使い減りしない

それでもソフトウェアに寿命はある！

物理的実体のないソフトウェアは，使用しても摩耗等による劣化は生じず，時間が経過しても当初の機能を保持します。しかし，IT分野の技術革新がめざましいこともあり，ソフトウェアの機能低下がなくても数年おきに交換がなされます。たとえば以下のような場合です。

- ソフトウェアがアップグレードされた場合
- サポート期間が切れた場合
- ハードウェアを更新した場合
- 制度変更等で従来のソフトウェアでは対応できない場合

つまり**使い減りしないソフトウェアにも寿命がある**ということです。

ソフトウェアには，自分たちで使うもの（自社利用のソフトウェア）のほか，パッケージソフトの原盤（市場販売目的のソフトウェア，§1-3）があります。こちらも使用による劣化は生じませんが，パッケージソフトの販売数が有限であることから，寿命があります。このためいずれの**ソフトウェアも減価償却が必要**となります。

Key Word　減価償却とは

使用や時の経過により価値が減少する固定資産は，取得に要した支出を一時の費用とせず，使用期間にわたり費用配分します。これを減価償却といいます。土地や絵画・骨董品等以外の有形固定資産，借地権や電話加入権等以外の無形固定資産は，減価償却が必要です。

ソフトウェアの寿命が尽きるのはどんなとき？

■自社利用のソフトウェアの場合

アップグレードした場合

サポートが終了した場合

サポート期間
終了の
お知らせ

ハードウェアを更新した場合

制度変更等で従来のソフトウェアでは対応できない場合

■市場販売目的のソフトウェアの場合

販売数が減少した場合，アップグレード版の発売をした場合等

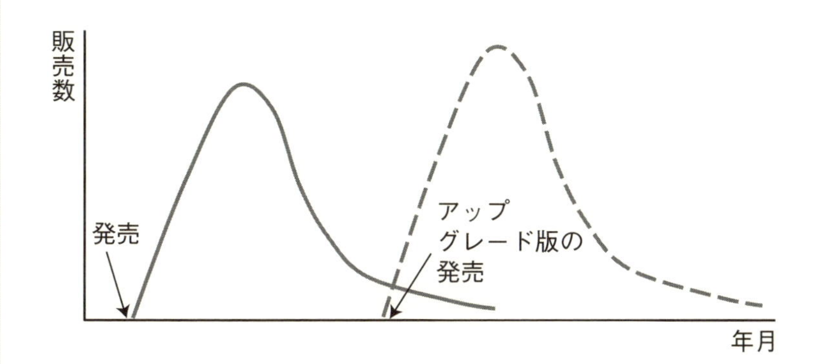

法律上も特異！　ソフトウェアの取扱い

形がないソフトウェアは，法律上もいくつか特異な取扱いがあります。

■PL法（製造物責任法）

PL法とは，製造物の欠陥により生命や身体，財産の被害が生じた場合の製造業者等の責任を定めた法律です。損害賠償責任を問うには，一般に相手の過失を立証する必要がありますが，PL法では製造物の欠陥を立証すればよく，消費者寄りの法律といわれています。

ところでソフトウェアはPL法の対象とされていません。無形なので製造物とみなされないのです。ユーザーにとっては残念な取扱いですね。

■償却資産税

償却資産税とは，事業に用いる償却資産にかけられる税金です。ソフトウェアも償却資産ですが，無形ということで対象外とされています。

■関税

国内の産業を保護するため，輸入品にかける税が関税ですが，ソフトウェアは対象外となっています（日本の場合）。ただし，ソフトウェアを記録した媒体は有形なので対象になります。

たとえば10万円のソフトウェアを輸入する際，媒体込みで申告するとまるまる10万円に関税がかかりますが，「ソフトウェア９万９千円，媒体千円」と申告すれば，千円にのみ関税がかかるということです。

関税は元々，モノが国境をまたいだときにかけるものなので，無形物は対象外なんだ。将来的には，取扱いが変わるかもしれないね。

§2

ソフトウェア取引の収益認識

本章ではソフトウェア取引における収益認識について考えていきます。§2-1～2-13は現行会計基準で解説，§2-14～2-16は公表された収益認識会計基準に基づき，その導入による影響を見ていきます。

2－1 収益認識とは

売上はいつ計上するの？

ソフトウェアの収益認識を考える前に，まず一般的な収益認識を理解しておきましょう。収益認識とは，売上をいつどの時点で計上するのかという問題です。従来日本では，売上は原則「**実現主義**」に基づき計上されてきました。「実現主義」とは，以下の２要件を満たした時点で売上を計上する考え方です。

ａ．売り手によるモノやサービスの提供が完了すること
ｂ．対価として現金または現金等価物（売掛金や受取手形等）を受領すること

たとえば，スーパーでは，レジの精算を通じて顧客にモノを提供し，対価としての現金を受け取ります。つまりレジ精算でａ・ｂが満たされ，この時点で売上が計上されます。このようにａ・ｂが同時点の場合，売上の計上時期は，特に論点となりません。美容院でカットやパーマをサービスする場合等も同様です。

次に，メーカーが顧客に製品を**輸送**して提供する場合の，モノの提供の完了時点を考えてみましょう。スーパーの場合と異なり，モノをその場で渡すのではなく，輸送という過程が入るので，話はやや複雑になります。製品の出荷時点（**出荷基準**），納品時点（**納品基準**），顧客が検収した時点（**検収基準**）等が考えられますが，どれも正解になりえます。

つまり，一口に「実現主義」といっても，モノやサービスの性質，契約等によって「**モノやサービスの提供が完了**」する時点は異なるため，それぞれにとって適切なタイミングを考える必要があるのです。

収益認識の基礎

■スーパーマーケットにおける収益認識：レジ精算時に実現主義の２要件が満たされ，売上が計上される

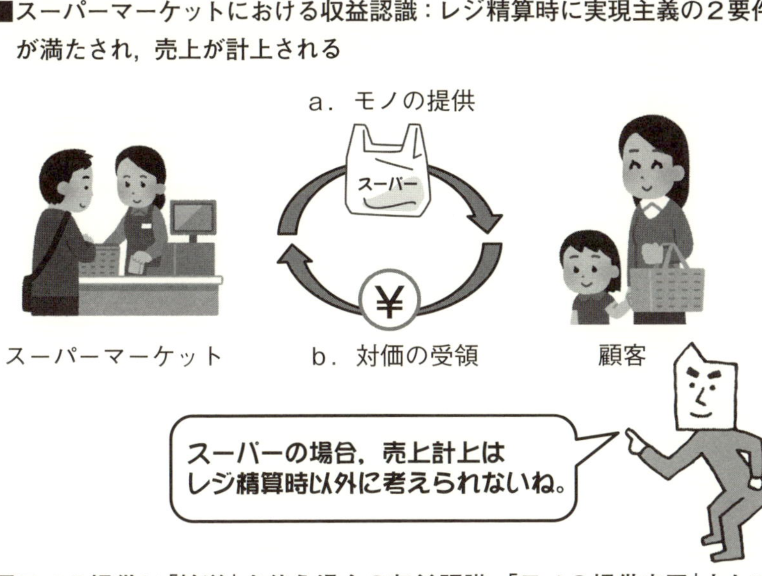

■モノの提供に「輸送」を伴う場合の収益認識：「モノの提供完了」として出荷，納品，検収等が考えられ，売上計上時は複数の考え方がある。

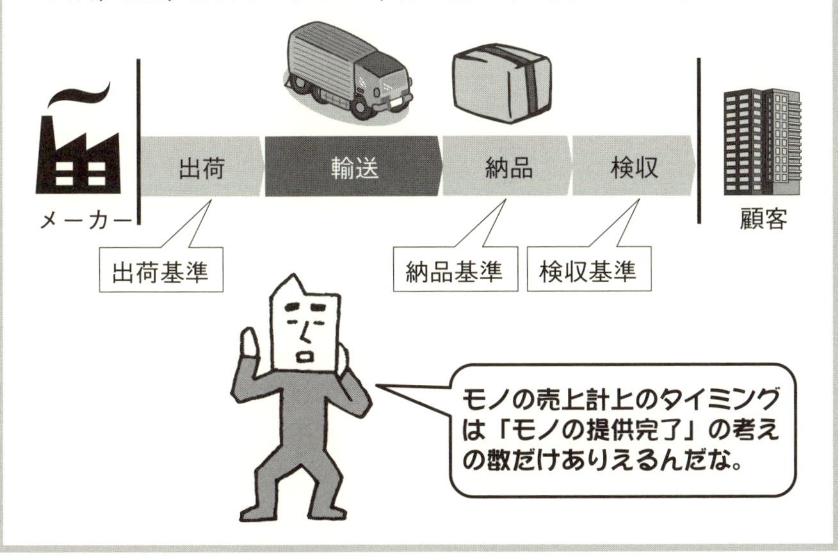

2−2 ソフトウェア取引の収益認識

ソフトウェア取引の収益認識はどのように考えるの？

ソフトウェア取引の場合も，他の一般的な取引と同様に売上を計上するためには原則，**実現主義**の２要件（§２-１）を満たすことが必要です。

しかしソフトウェア取引の場合，２要件を満たす時点の判断が難しいケースがあります。対象物が無形資産で外部から内容や状況の確認が難しく，また，技術革新により取引が多様化・高度化しているためです。

具体的には以下のような場合です。

- 受注制作のソフトウェア（§３）で，検収後に**バグ**が発見され，ベンダーがバグ取りの作業を行うケース⇒§４-４参照
- ベンダーから販売代理店を経由してエンドユーザーに販売するケース（**委託販売**）⇒§２-７参照
- サービスの提供と機器の販売のように異なる種類の取引を同一の契約書等で締結しているケース（**複合取引**）⇒§２-11参照
- １つのソフトウェア開発プロジェクトを作業フェーズに分けて契約を締結し，フェーズごとに検収を行うケース（**分割検収**）⇒§２-９参照

このため，ソフトフェア取引には収益認識に関する基準（ソフトウェア取引の収益の会計処理に関する実務上の取扱い）が設けられています。

ソフトウェア取引の収益認識の特徴

実現主義の２要件

①モノやサービスの提供が完了
②現金または現金等価物を受領

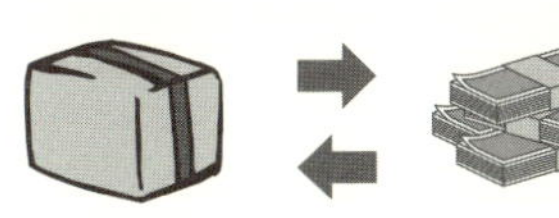

しかし・・・

ソフトウェアの性質

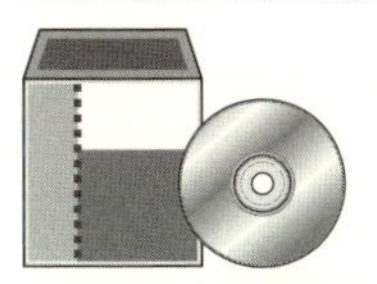

■無形の資産であり外部からの状況確認が困難
■技術革新が著しい
■取引が多様化／高度化

収益認識にはいろいろな問題が発生

ソフトウェア取引の論点

ベンダー
経理担当者

■「検収したというが，エンジニアはまだバグ取り作業を続けているよ。売上計上していいの？」
■「サーバーの販売とシステム開発が１つの契約に含まれているけど，サーバーは先に販売してしまった。サーバーだけ先に売上計上できるのかな？」
■１つのシステム開発案件を２つのフェーズに分けて，それぞれ検収の時期が違うけど，売上はいつ計上するべき？」

そこで・・・

「ソフトウェア取引の収益の会計処理に関する実務上の取扱い」が設定

ソフトウェア取引の収益認識には悩みが多そうだね。

2－3 ソフトウェア取引の収益認識時点①

市場販売目的のソフトウェアの収益認識の基本

まず，市場販売目的のソフトウェア（§５参照）の代表格であるパッケージ・ソフトウェアを例にとり，売上の計上時点について考えてみましょう。パッケージ・ソフトウェアは，ベンダーが市場からのニーズに基づいて仕様（スペック）を決定し，機能・仕様が確定したソフトウェアを不特定多数のユーザー向けに制作します。そして，ソフトウェアが完成し，仕様に合っているか，バグが十分に取れているかをベンダー自身が十分に確認したうえで出荷されます。

この場合，うたわれた仕様の機能があるのはほぼ確実であり，ユーザーがテスト（検収）をしなくとも，納品完了時点でユーザーはソフトウェアを利用できる状態，つまり，**モノの提供が完了**したと考えられます。そこで，市場販売目的のソフトウェアは，検収前の納品時に売上を計上できます。

このように，市場販売目的のソフトウェアは納品時に売上計上するのが基本ですが，中にはそうではないケースもあります。§2-4では，市場販売目的のソフトウェアの応用的な取引について見てみましょう。

市場販売目的のソフトウェアの納品とは

市場ニーズを取り入れて
ソフトウェアを開発

エンジニア（ベンダー）

仕様・機能

動作環境
・OS Windows xx
・対応機種○○○

- 仕様や機能が確定
- 不特定多数向けのため汎用性が高い

納品

- インストールさえすればすぐ使える

ユーザー

このような場合は
ユーザーによる
テスト（検収）は
重要ではないんだね。

2－4 ソフトウェア取引の収益認識時点②

市場販売目的のソフトウェアの収益認識の応用

■基幹システム販売の場合

基幹システム等の大規模ソフトウェアでは，納品後にユーザーの動作確認が必要となる場合があります。そのような場合，納品だけでは**モノの提供が完了**したとはいえないため，ユーザーの**検収**が完了した時点で収益を認識することになります。

■インターネットによるダウンロード販売の場合

インターネットでのダウンロードによる販売の場合，ユーザーがウェブ上で購入申込を行い，ベンダーが電子メール等で販売承諾を通知することで契約が成立し，販売代金もクレジットカード等で決済するのが一般的です。このような場合，ベンダーが販売承諾を通知した時点で，ユーザーはいつでも使用できる状態になり，**モノの提供が完了**したことになるため，その時点で収益認識するものと考えられます。

■ライセンス販売の場合

ライセンス販売の場合，製品の納品日がライセンスの開始日となるよう，契約を締結します。この場合，製品の納品とライセンス契約の締結の両方が完了し，さらに，ライセンスの開始日が到来した時点でユーザーが利用できる状態になるため，その時点で収益を認識することになります。なお，ライセンス期間が設定されている場合には，ライセンス開始日に一括で収益認識する方法とライセンス期間にわたって収益認識する方法の両方が実務上見受けられます。

市場販売目的のソフトウェアの販売パターン

■基幹システムの販売

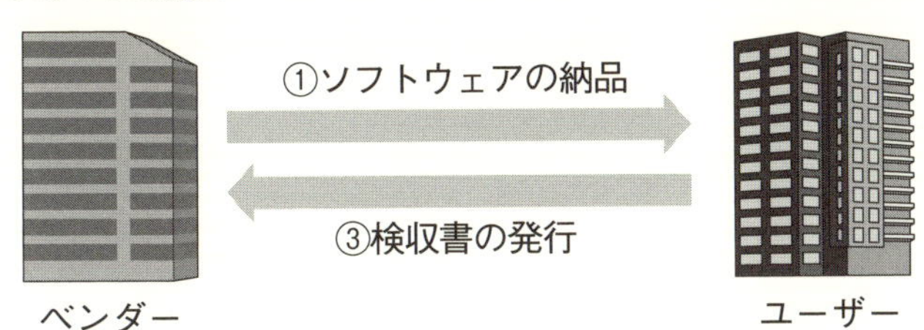

④売上計上　　②検収（動作確認）

■インターネットによるダウンロード

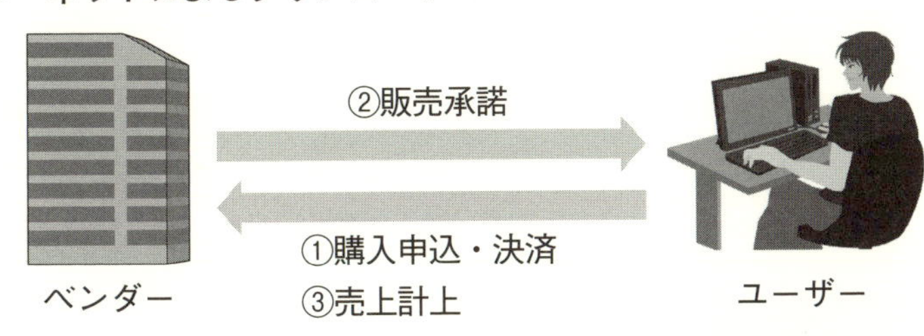

ダウンロードの時期は売上計上時期には影響しない

■ライセンス販売

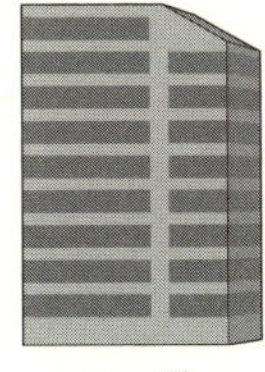

①製品納品

②ライセンス契約締結
③ライセンス期間到来
④売上計上

2－5 ソフトウェア取引の収益認識時点③

受注制作のソフトウェアの収益認識とは？

受注制作のソフトウェア取引（§３参照）では，「**モノやサービスの提供が完了**」は，どの時点になるのでしょうか。

受注制作のソフトウェアの場合，ベンダーがユーザーのニーズに基づき，ユーザーとの間で取り決めた仕様（スペック）のソフトウェアを制作し，ユーザーに納品します。ユーザーは，納品されたソフトウェアの仕様や機能等が取り決めた内容通りになっているかどうかを確認（**検収**）し，検収書を発行します。そして，この検収が完了した時点が，ソフトウェア（モノ）の提供が完了した時となります。そのため，ベンダーはユーザーの検収が完了した時点で売上を計上することになります（**工事完成基準**）。

ただし，受注制作のソフトウェアは，受注を受けて制作するという性質から，「成果の確実性」が認められる場合には，制作の進捗度に応じ収益を計上する工事進行基準という方法をとります。こちらについては，§３で説明します。

Check!　形式的な検収だけでは足りない？

検収書を入手しただけでは売上計上できない場合もあります。たとえば，ユーザーの都合により，未完成のソフトウェアに対して検収書が発行された場合や，ソフトウェアの仮受領書の意味で検収書が発行された場合には，ソフトウェアの提供自体は完了していないため，売上を計上することはできません。

受注制作ソフトウェアが検収されるまで

ベンダー・ユーザー間での打ち合わせを重ね・・・

ベンダー担当者　　ユーザー担当者

ああしたい，
こうしたい…。

開発するソフトウェアの仕様・機能を決定

仕様書

設計・開発・テスト

仕様・機能が事前に決定した
通りになっているかチェック！

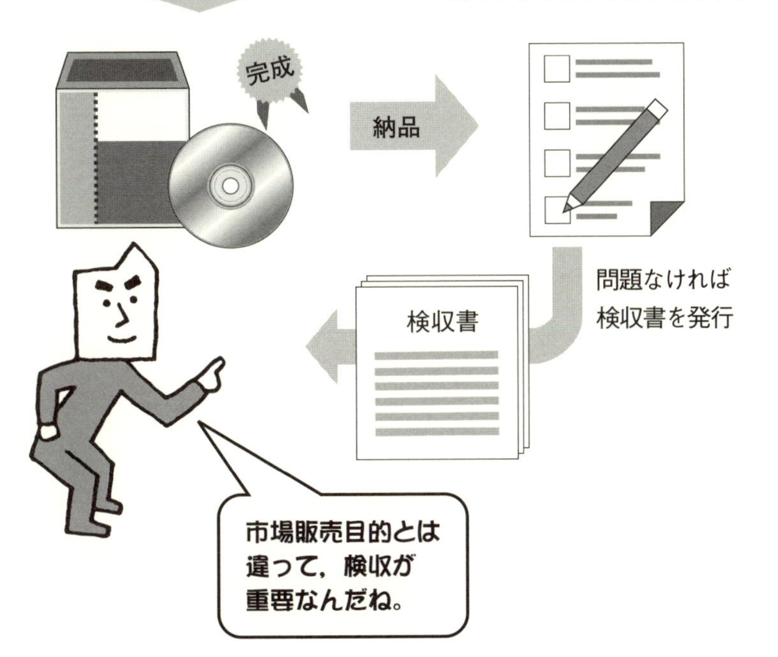

2－6 ソフトウェア取引の収益認識時点④

契約形態別の受注制作ソフトウェアの収益認識

一口に受注制作のソフトウェアといっても，契約形態には様々なものがあります。契約形態によって収益認識の方法は異なるため，詳しく見ていきましょう。

受注制作ソフトウェアの主な契約形態としては，①請負契約，②準委任契約，③派遣契約，④SES（システムエンジニアリングサービス）契約の４つがあります。このうち，請負契約についてはベンダーが成果物を完成させてユーザーに提供する義務がある一方で，他の３つの契約形態ではそのような義務はなく，ベンダーはユーザーから依頼された作業を行えば契約上の義務を果たしたことになります。

このような特徴から，請負契約では成果物をユーザーに提供し，検収が完了した時点で収益を認識します（§2-5参照）。一方で，他の３つの契約形態では，「作業時間×単価」・「作業日数×単価」・「月割」等の方法によって，作業の提供に応じて収益を認識します。

Check!　契約の実質的な内容が重要

ソフトウェア業においては，形式上は準委任契約・派遣契約・SES契約となっていても，実質的には，ベンダーに成果物の完成義務があり，事実上の請負契約となっているケースがあります。このような場合には，作業の提供に応じた収益認識ではなく，請負契約と同様に，ユーザーの検収が完了した時点で収益を認識する必要がありますので，契約の形式だけでなく，実質的な内容にも留意が必要です。

契約形態別の収益認識のイメージ

■契約形態別の収益認識基準

契約形態	内容	ベンダーの義務	収益認識
①請負契約	ベンダーがユーザーに対し，成果物の完成または業務の完了を約する契約	成果物の完成作業の完了	工事進行基準または工事完成基準
②準委任契約	ユーザーが一定の作業をベンダーに委任する契約	作業の提供	役務の提供に応じて
③派遣契約	ベンダーがユーザーにエンジニアを派遣し，ユーザーの指示のもとで業務を行わせる契約	作業の提供	
④SES契約	ベンダーが自社のエンジニア等をユーザー企業に常駐させ，システム制作等のサービスを提供する契約	作業の提供	

まずは，契約パターンを知ることが重要だね。

■請負契約とそれ以外の契約との違い

開発中のソフトウェアが未完成！

請負契約の場合…

成果物が完成していなければ，検収も支払いもできませんよ。

ユーザー担当者

売上計上不可

請負契約以外の場合…

お願いした作業は実施して頂いたので，お約束どおりお支払いします。

ユーザー担当者

売上計上可能

2－7 ソフトウェア取引の収益認識時点⑤

委託販売の場合

ソフトウェア取引においては，その成果物（商品または製品など）を直接最終顧客（エンド・ユーザー）に販売するのではなく，販売を代行する受託者を通じて販売する取引があります。

これが**委託販売**に該当する場合，収益認識時点は，原則，受託者が最終顧客に成果物を販売した時点（**販売基準**）となります。また，受託者が販売の都度，会社へ売上報告書（仕切精算書）を送付している場合には，この売上報告書が会社に到着した時点（**仕切精算書到達日基準**）とすることが容認されています。

収益認識に関する会計基準（以下，「収益認識会計基準」という）では，現行の販売基準に関しては大きな変更は見られませんが，現行基準で容認されている仕切精算書到達日基準に関する規定はなくなっています。

なお，収益認識会計基準では，**委託販売契約か否かの判断のために以下の指標**が記載されています。成果物の支配者が会社なのか，あるいは代理人なのかが判断のポイントとなります。

(1) 代理人が最終顧客へ販売，または，所定の期間が満了するまで，会社が成果物を支配していること
(2) 会社が，成果物の返還権，または，他の第三者への販売権を有すること
(3) 販売業者等が，成果物の対価を支払う無条件の義務を有していないこと

委託販売の収益認識時点は？

■委託販売における収益認識のタイミング

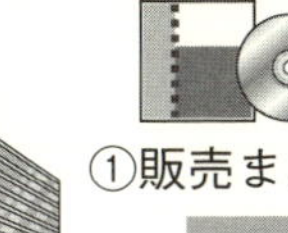

成果物

会社

①販売または引渡

③売上報告

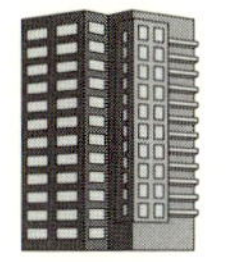

受託者

②販売

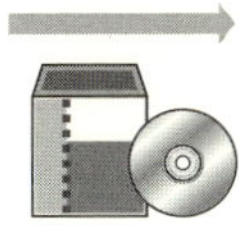

最終顧客

売上報告書
（仕切精算書）

委託販売の時は，会社は受託者が最終顧客に成果物を販売した時点（上図②，販売基準），あるいは受託者から売上報告が届いた時点（上図③，仕切精算書到着日基準）で収益を認識するんだね。これに対して，収益認識会計基準では以下のような取扱いだよ。

■収益認識会計基準では，委託販売取引に該当するか否かは，代理人（上図の受託者）が成果物を支配しているか否かがポイント

代理人は，成果物を
支配しているか？

支配している	支配していない
委託販売に該当しない →会社の収益認識時点は，以下のいずれか ・代理人に成果物を納品した時点 ・代理人から検収を受けた時点	**委託販売に該当する** →会社の収益認識時点は，以下のいずれか ・最終顧客に成果物を納品した時点 ・最終顧客から検収を受けた時点

2－8 ソフトウェア取引の収益認識時点⑥

顧客仕様のソフトウェアの場合

受注制作のソフトウェア取引の会計処理では，工事契約に関する会計基準（以下，「工事契約会計基準」という）を適用します（§3-3）。

工事契約会計基準では，**工事完成基準**と**工事進行基準**の２つの会計処理方法が規定されており，**成果の確実性**が認められる場合には工事進行基準，そうでない場合には工事完成基準を適用します（§3-8）。

工事完成基準：作業が完了し目的物の引渡しを行った時点で収益および原価を一時に計上する方法

工事進行基準：収益総額，原価総額，決算日における進捗度を合理的に見積り，それに応じて当期の収益および原価を計上する方法

なお，新しい収益認識会計基準が適用されると，「工事契約会計基準」と「ソフトウェア取引の収益の会計処理に関する実務対応上の取扱い」が廃止されます。ただし，これにより工事完成基準や工事進行基準の考え方がなくなるのではなく，要件が整理されたうえで，新たにいわゆる「原価回収基準」（§3-20）が導入されます。

収益認識会計基準適用の影響は？

現行と，収益認識会計基準適用後を比較してみたよ。
大きく変わるのは，「原価回収基準」が導入されたことだね。

工事契約会計基準（現行）	収益認識に関する会計基準
工事進行基準 （適用要件） 工事収益総額，工事原価総額，決算日における工事進捗度を信頼性をもって見積ることができる場合（§３－８）。	一定の期間にわたり収益認識 （適用要件） 一定期間にわたり履行義務が充足し，履行義務の充足に係る進捗度を合理的に見積れる場合。 （現行の工事進行基準に相当）
工事完成基準 ・工事進行基準が適用できない場合 ・工事期間が極めて乏しい場合 ・金額的に重要性が乏しい場合 （§３－８）	一時点で収益認識 （適用要件） 履行義務が一定期間にわたり充足されるものではない場合。 （現行の工事完成基準に相当）
	原価回収基準 （適用要件） 一定期間にわたり履行義務が充足。履行義務の充足に係る進捗度を合理的に見積ることができないが，当該履行義務を充足する際に発生する費用を回収することが見込まれる場合。 （現行に取扱いなし）

2−9 分割検収の会計処理

フェーズごとの売上計上は可能か？

受注制作のソフトウェア取引においては，１つのソフトウェア開発プロジェクトをいくつかの作業ごとの単位（フェーズ）に分けて契約を締結し，その契約の単位ごとに検収を行うことがあります。

売上を計上するには，取引が実在することを前提に，一定の機能を有する成果物の提供が完了し，その見返りとして対価が成立することが必要です。そのため，契約が分割されたとしても，一般的には**最終的なプログラムが完成**し，その機能が顧客（ユーザー）に確認されることが求められます。

ただし，最終的なプログラムの完成前でも，一定の要件下で売上計上が可能と考えられる場合があります。たとえば以下のような場合です。

- 分割された契約のフェーズの内容が一定の機能を有する成果物の提供である。
- ユーザーと，納品日，入金条件について事前の取決めがある。
- 成果物提供の完了が確認され，見返りとしての対価が成立している。

しかし，分割検収の場合，最終的なプログラムは完成していないため，フェーズをまたぐ手戻りが生じた場合等には売上金額の事後的な修正が行われることがあります。よって，売上の計上にあたっては，各フェーズ完了時の対価の成立，売上代金の回収可能性，返金の可能性等，資金回収のリスクを考慮する必要があります。

ソフトウェア開発のフェーズ分けの留意点

分割の方法は1つじゃないんだね。
下の2つを比べると，「時系列的な分割」の方が成果物の機能の確認が難しそうだなぁ。

（例①）時系列的な分割

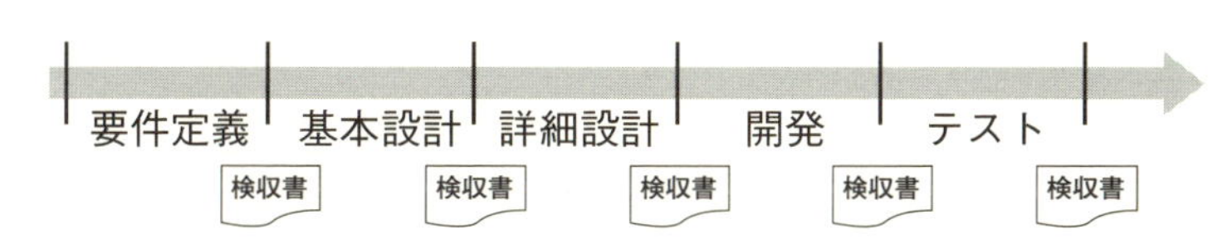

（例②）物的な分割

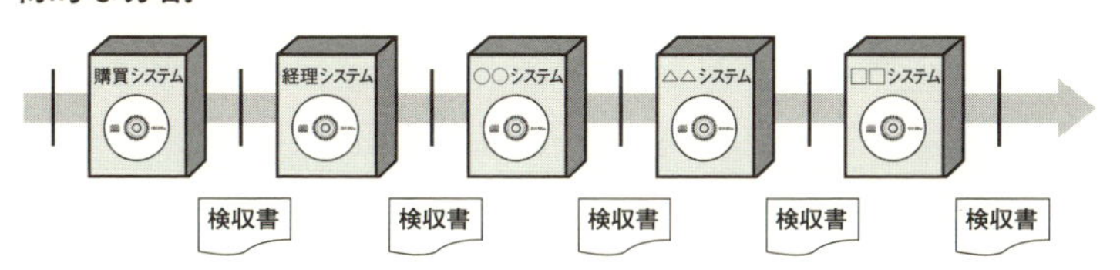

収益を認識するには慎重に検討しないと。
成果物の機能は仕様に合っているかしら…。
契約金額が変更されたらしいけれど，正式に承認されているかしら…。

作業の実施や，入金条件だけでは売上計上できるか否かは判断できないんだね。

2－10 ソフトウェアの複合取引とは

モノの販売とサービスの提供例

複合取引とは，機器（ハードウェア）の販売とサービスの提供のように，異なる種類の取引を同一の契約書等で締結している取引をいいます。

モノであるソフトウェアとサービスとの複合取引には，以下のような取引があります。

① 市場販売目的のソフトウェアと関連サービスの複合取引

- ソフトウェア販売に保守サービスやトレーニングサービスが含まれているケース
- ソフトウェアのライセンス（使用許諾）販売にアップグレードの実施が含まれているケース

② 受注制作のソフトウェアと関連サービスの複合取引

- システム開発請負契約に期間的なシステム利用や保守サービスに関する契約が含まれているケース

複合取引は種類に応じて収益の認識時点が異なる場合があります。詳細は，§2-11で見ていきましょう。

複合取引の例

① 市場販売目的のソフトウェアと関連サービスの複合取引

■ソフトウェア販売に保守サービスやユーザー・トレーニングサービスが含まれているケース

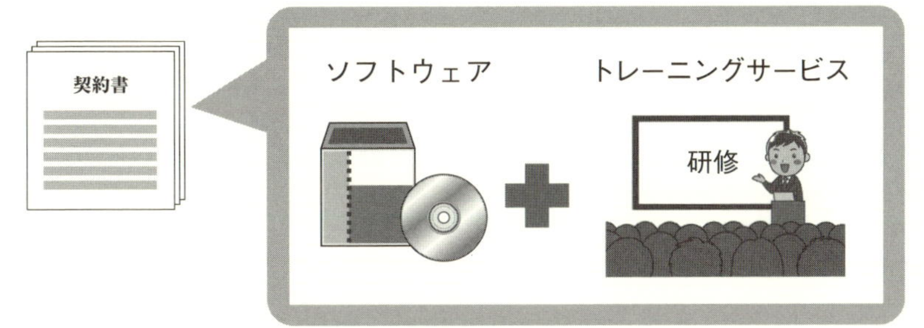

■ソフトウェア・ライセンス販売（使用許諾）にアップグレードの実施が含まれているケース

② 受注制作のソフトウェアと関連サービスの複合取引

■システム開発請負契約に期間的なシステム利用や保守サービスに関する契約が含まれているケース

2－11 複合取引の収益認識時点は？

モノの販売とサービスの提供時期がずれる場合

複合取引には，１つの契約の中にシステム開発と保守サービス，またはハードウェアとソフトウェアの販売など，複数の取引が含まれています。よって，１つの契約の中に，収益認識のタイミングが異なる取引が存在することがあります。

たとえば，モノの販売時点とサービス提供時点が異なる場合，契約が１つであることを理由にこれらの収益を同時に認識すると，収益認識のタイミングが不適切になることがあります。

このため，顧客（ユーザー）と合意している製品やサービスの内容，提供時期，金額の内訳等を確認のうえ，それぞれに即した方法で収益認識することが必要です。

Check!　製品・サービスに即した方法

製品・サービスに即した方法として，以下の方法が考えられます。

受注制作のソフトウェア：工事進行基準または工事完成基準

市場販売目的ソフトウェアおよびハードウェア：出荷基準，納品基準または検収基準

保守・トレーニングサービス：サービス提供に応じる

複合取引の収益認識時点は？

（例）システム開発請負契約に期間的なシステム利用や保守サービスに関する契約が含まれているケース

総額　5,000万円

システム開発請負・・・・・3,500万円
保守（5年）・・・・・・・・・1,500万円

保守
サービス
契約

開発の検収は完了したけど，
売上は5,000万円計上
していいのかな・・・？

保守はこれからだ
なぁ・・・

検収書

印

今回の検収ではシステム開発請負の対価3,500万円を売上計上するんだ。保守はこれからだから，同じ契約で決めたけれど，このタイミングでは計上しないのが適切。

2－12 売上計上額は「総額」か「純額」か？

本人としての取引か，代理人としての取引か？

収益認識では，売上計上額を取引額全額（総額）とするか，手数料部分（純額）とするかという論点があります。収益とは出資以外で会社の純資産を増加させるものとされています。このため，**第三者のために回収する額**は収益の取引価格には含まれません。

たとえば，代理人として取引を行った場合は，あくまで仲介を目的としていますので，実入りになる金額は当然取引額すべてではありません。手数料を除いた金額は，第三者である仕入先ないしサービス提供先に渡します。

したがって代理人の場合，売上計上額は手数料部分（純額）となります。一方，会社が第三者をはさまない場合は，提供するモノやサービス等の代金の総額を売上として計上します。

代理人に該当するのは，契約で明示されている場合だけではありません。収益認識会計基準ではその指標として３つの指標を示しています(右頁)。代理人になるか否かはこれらを総合的に判断することとなります。

Check!　販売代理店でも，代理人でない場合もある!?

販売代理店には，大きく2つのタイプがあります。1つは，供給者と顧客を仲介するタイプで，自身は取引の当事者とはならず，紹介手数料をもらいます。もう1つは，供給者から商品等を仕入れ，顧客に販売するというもので，代理をしているわけではありません。誤りやすいので注意が必要です。

本人としての取引か，代理人としての取引か？

会社がモノを他の会社から仕入れ顧客に販売する，または，他の会社が提供するサービスを顧客に提供する場合，本人になるか，代理人になるか？

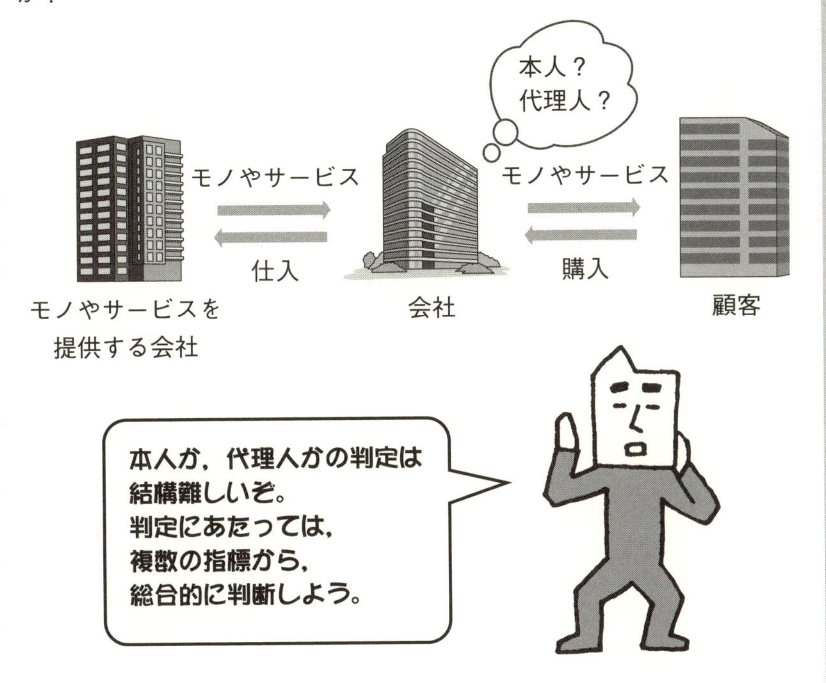

会社が顧客にモノやサービスを移転する前に，これらを支配している場合，会社は本人。そうでない場合は代理人となる。

判定の指標例

- 企業が契約履行の主たる責任を有しているか否か。
- 企業が在庫リスクを有しているか否か。
- 企業が価格決定権を有しているか否か。

2－13 収益認識の留意事項

取引の実在性に問題があるケースとは？

実現主義の要件（§2-1参照）をソフトウェア取引にあてはめると，①ソフトウェア取引の実在性，②一定の機能を有する成果物の提供の完了，③対価の成立という事実が必要ということになります。

次のようなケースについては，成果物の提供の完了の前提となる①ソフトウェア取引の実在性に関して問題がある可能性があります。

- 通常は契約書等を取り交わす取引において，契約書の**ドラフト**しか存在していない。
- **ユーザーとの間で契約書等を取り交わすには至っておらず**，第三者であるパートナー（協力会社）との間で契約書等を取り交わすにとどまっている。

実務上は，ユーザーとの契約を正式に締結する前に，ソフトウェアの制作を始めるケース（**先行着手**といいます）も見受けられますが，**先行着手**の場合，正式な契約に至らずに失注してしまうこともあり得ます。そのため，このようなケースで収益を認識するためには，取引の実在性を客観的に証明する文書である契約書を整備することが必要です。

なお，**先行着手**で本契約に至らなかった場合のベンダーの開発コストは，ユーザーに請求できる場合もありますが，ベンダーが負担することも少なくありません。

先行着手はどんな問題があるの？

先行着手により開発コスト発生

先行着手は本契約に至らないとベンダーが損失を被るリスクがあるんだね。収益認識の観点ではもちろんのこと，ベンダーがこのようなリスクを負わないためにも，契約書の存在は重要だね。

2−14 収益認識会計基準で何が変わるか①

売上は売主が義務を果たすことで計上される

平成30年３月に収益認識会計基準が公表されました。これまで実現主義（§2-1）の下で行われていたソフトウェア販売に係る会計処理は，同基準施行後，どのような影響を受けるのでしょうか？

収益認識会計基準は，ざっくりいうと下記のような考え方です。

① 売主の買主に対する履行義務を特定する。
② 履行義務に対応し受け取る代金を算定する。
③ 履行義務が複数ある場合は，それぞれに代金を振り分ける。
④ **売主が履行義務を果たすタイミングで，相当する代金を計上する。**

売主の買主に対する義務の果たし方は大きく２つに分かれます。すなわち**一時点で**果たされるか，**一定期間にわたり**果たされるかということです。たとえば，商品販売の場合は，顧客に商品を渡した**時点**に義務が果たされ，この時点で商品代金が売上計上されます。一方，定期清掃サービスを請け負う場合，**定められた期間にわたり**義務を果たすため，その期間が決算期をまたぐなら，期末までに計上すべき売上は，代金のうち義務を果たした割合に相当する部分となります。

ソフトウェア取引において，検討が必要となる論点としては，ライセンス取引があげられます。§2-15で見てみましょう。

売上の計上パターンは履行義務により変わる!?

収益認識会計基準では，売上は，売主が履行義務を果たすことで計上される。この履行義務は，「一時点で果たされる義務」と「一定期間にわたり果たされる義務」に分かれる。

	一時点で果たされる	一定期間にわたる
義務の例		
履行イメージ	0%　100%	0%　100%
売上の計上	納品された時点（一時点）に計上する	売上代金を進捗率に応じて（一定期間にわたり）計上する

2−15 収益認識会計基準で何が変わるか②

ライセンス売上の履行義務は一時点か一定期間か？

ソフトウェア取引で，履行義務の判断が求められるものとして，ライセンス売上があります。

ライセンスとは，会社が保有する知的財産を利用する権利を許諾することです。顧客が利用する知的財産は大きく2パターンが考えられますが，収益認識会計基準では，それぞれの履行義務を異なるものと考えます。

知的財産のパターン	履行義務のパターン
①契約期間を通じ，形態・機能性・価値等が**継続的に変化する**	履行義務は**一定期間**と考える
②知的財産が顧客に供与される時点で，提供会社側で**完成し**存在する	履行義務は**一時点**と考える

履行が一時点とされる②の場合も，顧客にとっては契約期間を通じ，知的財産を利用できますが，履行義務が一時点か一定期間かの判断にこれは影響しません。重要なのは「**知的財産が変化するか否か**」です。収益認識会計基準では，知的財産の区分の判断基準として，以下のすべてを満たす場合，①としています。

A　知的財産に著しく影響を与える活動を提供側会社が行うことが契約に記載されている，または顧客が合理的に期待している。
B　Aの活動が顧客に直接的な影響を及ぼす。
C　Aの結果としてモノやサービスが顧客に移転することはない。

ライセンス売上のポイントは知的財産が変化するか否か！

ソフトウェア契約には，ライセンス以外のサービスの提供を含む場合がある。履行義務が「一時点」か「一定期間」かを判断するには，まずこれらの整理が必要である。

例：契約内容が以下の３つから成る場合
ソフトウェア・ライセンス（利用期間１年），アップデートサービス，テクニカルサポート

ライセンス

アップデートサービス

テクニカルサポート

Step 1

ソフトウェアのアップデートサービスは，顧客への追加的なモノまたはサービスに該当する（左頁のC）ため，判定の考慮に入れない。

Step 2

テクニカルサポートとソフトウェア・ライセンスは，別の履行義務である。よって判定の考慮に入れない。

Step 3

ライセンス提供会社からは，アップデートサービスおよびテクニカルサポート以外の活動を行うこと以外，契約されていないし，顧客も期待していない。よって判定対象はソフトウェア・ライセンスのみ。これは左頁のA～Cに該当しない（顧客に供与された時点で完成している）。

→ライセンスに係る履行義務は一時点と判断される。契約の対価をライセンス，アップデートサービス，テクニカルサポートに分けたうえで，ライセンス売上は一時に計上される

2－16 収益認識会計基準で何が変わるか③

受注制作のソフトウェアの履行義務は一時点か一定期間か？

受注制作のソフトウェアの場合の売主の履行義務は大きく２つ，ソフトウェアの制作と納品から構成されます。この場合，売主の履行義務をどのように考えるべきでしょうか？　すなわち「ソフトウェアの納品時に一時点になされる」，「制作から完成・納品までの一定期間になされる」のいずれと考えるべきでしょうか？

収益認識会計基準では，履行義務が一時点か一定期間かを判断する際の指標を示しています。⑴～⑶いずれかに該当する場合，**履行義務は一定期間**とされます。

⑴　売主が買主とへ義務を果たすにつれ，買主が便益を受けること
⑵　売主が買主への義務を果たすことで資産が生じる，または資産の価値が増加し，買主がこの資産を支配すること
⑶　①売主が買主への義務を果たすことで，**別の用途に転用できない資産が生じる，または，価値が上がること**
　　②義務を果たした部分について，対価を受け取る強制力があること

⑴の例としては定期清掃サービスが，⑵の例としては顧客の土地に顧客の建築物を作る場合などが挙げられます。⑶は請負工事全般が該当し（契約で②を満たすことが条件），この中に受注制作のソフトウェアも含まれる可能性があります。

具体的にどのように考えるのかは，**§3-18**で解説します。

まとめ

収益認識会計基準で実務はがらっと変わるの？

平成30年３月に，企業会計基準委員会（ASBJ）より「収益認識に関する会計基準」が公表されました。これまで収益認識に関しては企業会計原則で実現主義に関する記述があるのみで，包括的な会計基準がなかった中で，IFRSや米国基準に足並みを揃えるように導入されたことになります。

収益認識会計基準が導入されると，業種によっては売上の計上方法や金額が大きく変わる可能性があります。ソフトウェア業においては，どうでしょうか。

ソフトウェア業に関しては，現基準の「工事契約に関する会計基準」や「ソフトウェア取引の収益の会計処理に関する実務上の取扱い」の中に今回導入される収益認識基準の考え方が相当程度反映されていると考えられます。たとえば複合取引（§2-11），本人としての取引か代理人としての取引か（§2-12）などです。

つまり他の業種に比べて会計実務の国際的調和化が進んでいるということです。このため実務上の影響は，§2-15で紹介したライセンス売上等，限定的ではないかと見られています。

COLUMN

民法改正による影響は？

企業や消費者の契約ルールを定める債権関係規定（債権法）に関する改正民法が平成29年５月26日に成立し，公布から３年以内に施行されます。債権法部分が抜本的に見直されたのは，民法制定以来，約120年ぶりのことです。

ここでは，この民法改正が，ソフトウェア取引に与える影響について見ていきたいと思います。

まず，１つ目に，請負契約や準委任契約の性質が変わります。現行法では，請負契約で成果物が未完成の場合には，代金の請求はできませんが，改正民法では，成果物が未完成であってもその一部によってユーザーが利益を得ている場合には，利益に応じた代金を請求することができるようになりました。また，準委任契約に関しては，現行法では成果物の完成義務は明記されていませんでしたが，改正民法では準委任契約でも成果物に対して代金を支払う契約のパターンがあると明記するようになりました。

２つ目に，改正民法からは「瑕疵担保責任」が削除され，代わりに「契約不適合（成果物が未完成又は重大なバグが発生）」という言葉が使用されるようになりました。責任の内容も変更され，契約不適合にも関わらず，ベンダーが対応しない場合には，ユーザーはその補修費用に相当する金額を代金から減額請求することができるようになりました。また，従来は，不具合が発見されても，成果物の引渡後１年内でなければユーザーはベンダーに補修の請求をすることができませんでしたが，改正民法では，不具合があることを知った時から１年以内であれば，補修を請求することができるようになりました。

§3

ベンダーの会計処理
受注制作の場合

受注制作のソフトウェアは市場販売目的のソフトウェアと同様に販売目的のソフトウェアですが，会計処理が異なります。両者にはどのような相違点があるのでしょうか？　受注制作のソフトウェアの会計処理はどのように行われるのでしょうか？

ここでは具体的な事例を交えながら，基本的な事項について説明します。

3－1 受注制作のソフトウェアとは

受注制作のソフトウェアはオーダーメイド型

ソフトウェアとは，コンピュータに一定の仕事を行わせるためのプログラムのことです（§1-1）。その中でも受注制作のソフトウェアとは，**特定のユーザー**から受注し，**個別に制作**，提供されるソフトウェアのことをいいます。

受注制作のソフトウェア取引は，ユーザーからの多様なニーズを反映した一点ものであることが特徴です。

その制作は，企画および要件定義から始まります。ユーザーにヒアリングをし，ニーズや予算を把握しシステム化の方向性を決定し，システム化計画書を作成します。そしてシステム化計画を受けてシステムの機能要件を定義して要件定義書にまとめます。

要件定義書完成後はそれをもとにシステム設計を行い，プログラミングします。最後に制作物が注文に合っているか，設計通りに制作されたか検証（システムテスト）し，ユーザーが実際に使用できる状態にします。

ユーザーへの引渡し後は，ソフトウェアが問題なく稼動するよう，維持管理を行います。

Check!　引渡し後の運用・保守もベンダーの大事な仕事！

ユーザーへの制作物の引渡しでソフトウェア制作業務は完了ですが，その後ソフトウェアが円滑に稼働することをチェックする運用・保守活動もベンダーの重要な役割です。制作をしたベンダーが継続してそのソフトウェアを管理することが多いようです。

受注制作のソフトウェアの一般的な制作フロー

企画・要件定義段階

システム化の方向性 → システム化計画 → 要件定義

顧客から注文を受け，
顧客の要望に沿った
ソフトウェアを制作するのか
計画して，要件定義書を作成するよ。

制作段階

システム設計 → プログラミング → システムテスト

要件定義書に従ってシステム設計・
プログラミングを行い，
設計の仕様通り制作されているか
検証（システムテスト）するよ。

3－2 市場販売目的のソフトウェアとの違い

市場販売目的のソフトウェアvs受注制作のソフトウェア

市場販売目的のソフトウェアも受注制作のソフトウェアも，販売を目的として制作されます。しかし市場販売目的のソフトウェアが**標準品を大量生産**するのに対し，受注制作のソフトウェアは**特注品の制作**であることから，制作過程が異なり，会計処理の方法に違いが出ます。

市場販売目的のソフトウェアは販売対象が不特定多数であり，企画・設計はベンダーが行います。市場での販売のため，販売数は未定，つまり制作時点で販売額が確定していませんし，必ず製品化できるとは限りません。そこで製品マスターの制作費は，試作品ができて初めて資産計上できます。また標準品のため，販売物は，製品マスターそのものではなく，製品マスターのコピーです。そこで製品マスターの制作費は，たな卸資産でなく，無形固定資産に計上します（詳細は§5を参照)。

一方，受注制作のソフトウェアはユーザーの要望に従って制作します。制作したソフトウェアそのものをユーザーへ引き渡すことになり，通常は契約時に販売額が決まっています。制作費は，特注品のため注文ごとに計算します。工事完成基準の場合は制作途中では仕掛品（たな卸資産）として資産計上され，費用計上するのは収益計上時となります（§3-6)。工事進行基準の場合は工事の進捗度に応じて収益・費用が計上されます（§3-7)。

比較してみよう！

	市場販売目的のソフトウェア	受注制作のソフトウェア
共通点	販売目的のソフトウェアである	
相違点	ユーザーは不特定多数	ユーザーは特定されている
	ベンダーが企画・設計	ユーザーから仕様について要望を受け，企画・設計
	販売額（売価×販売数量）は制作時点では未定	契約額は受注時に決まる
	製品マスターそのものは販売せず，それをコピーして販売する	制作物そのものを顧客に引き渡す
	製品マスターの制作費は研究開発費に該当する部分を除き資産として計上，ただし，資産計上した金額は減価償却を通じ製造原価となる（§7-1）	工事契約の会計処理に準じる（§3-3参照）

販売目的のソフトウェアであること以外は相違点が多いね。
市場販売目的のソフトウェアの処理の詳細については§5を参照してね。

3－3 受注制作のソフトウェアと工事契約

受注制作のソフトウェアと工事契約は似ている！

受注制作のソフトウェアには，工事契約に関する会計基準（以下，「工事契約会計基準」という）が適用されます。

工事契約というと建設業を思い浮かべる方もいると思いますが，工事契約会計基準では，造船や機械の製造など，顧客の要望に沿ったものを制作する契約が広範に含まれています。

簡単にいうと，特定の顧客から「こういう物が欲しい」という注文を受け，その注文に沿った製品を制作し，納品するといった取引全般が工事契約会計基準の対象です。

制作物が有形の資産か無形の資産かという違いがありますが，受注制作のソフトウェアは工事契約の場合と同様，特定の顧客からのニーズに基づいた一点ものを制作し，それを顧客に納めます。

このように**受注制作のソフトウェアは，建設業などにおける請負工事と類似する**ことから，受注制作のソフトウェアに係る売上と原価の会計処理は，工事契約に準じて**工事契約会計基準**が適用されます。

Key Word 「工事契約」の定義

工事契約とは，「仕事の完成に対して対価が支払われる請負契約のうち，土木，建築，造船や一定の機械装置の製造等，基本的な仕様や作業内容を顧客の指図に基づいて行うもの」（工事契約会計基準４）と定められており，建設業だけでなく，造船や機械製造業などがその範囲に含められます。受注制作のソフトウェアはこれらに準じていると位置づけられています。

比較してみよう！

	工事契約	受注制作のソフトウェア
相違点	制作物は建築・造船等	制作物はソフトウェア
共通点	顧客は特定されており，顧客の要望に沿った一点ものを制作する	
	顧客からの注文に従い企画・設計	
	受注金額＝販売額であるため，販売額は契約時に決まる	
	制作物そのものを顧客に引き渡す（市場販売目的のソフトウェアのようにコピーして同じものを複数販売しない）	

工事契約に関する会計基準に基づいて会計処理

制作物は異なるけど工事契約と受注制作のソフトウェアは似ている点が多いね。
だから受注制作のソフトウェアは工事契約に準じて工事契約会計基準を適用するのか！

3－4 工事契約会計基準の適用範囲

「工事契約会計基準」の対象となる業務は？

受注制作のソフトウェアは，工事契約に準じて**工事契約会計基準**が適用されます（§3-3）。

工事契約会計基準では主として，工事契約に関する売上および原価の計上基準（工事完成基準・工事進行基準）と，工事契約から損失が見込まれる場合の取扱い（工事損失引当金の計上）が定められています。

対象となる取引は，仕事の完成に対して対価が支払われる請負契約のうち，ある「**特定の顧客**」から基本的な仕様や作業内容の依頼を受け，顧客の要望に沿って制作し，その「**成果物**」（受注制作のソフトウェアの場合は依頼の品であるソフトウェア等）を顧客に納品する取引です。

ソフトウェアの制作を請け負ったベンダーの業務内容は，ソフトウェアの制作やコンサルティング業務（ユーザーに適したソフトウェアの提案等）だけではありません。ERP（基幹系情報システム）導入支援，ソフトウェアの保守など，もっぱら労働サービスの提供となるものもあります。このため，請け負った業務すべてが工事契約会計基準の対象とはならず，対象になるか否かを判断することが必要です。

これは煩雑であり，また恣意性が入る可能性があるため，自社の取引類型を整理し，工事契約会計基準の対象になるか否かのマニュアルやチェックリストなどを作成して整理しておくことが有用です。

工事契約会計基準の対象となる業務

<関連会計基準>
工事契約に関する会計基準
工事契約に関する会計基準の適用指針

対象となる業務の例
・ユーザーの業務プロセスの分析など，成果物の提供と一体と認められるコンサルティング業務 ・システム仕様書やフローチャート等の関連文書の作成 ・移設，据付，試運転といった作業で，工事契約に付随的に含まれる場合
対象とならない業務の例
・システム導入支援で，導入のための労働サービスの提供のみで成果物の提供がない場合 ・もっぱら労働サービスを提供する保守・運用業務 ・標準品を製造するような契約の場合

3－5 受注制作のソフトウェア契約に係る認識の単位

どんな「単位」で会計処理をするのか？

会計処理を行うにあたり，どのような単位（くくり）で会計処理するのか，つまり，**売上や原価を集計する単位（認識の単位）**を検討する必要があります。

会計処理は，合意された取引の単位を忠実に反映すべきです。そこで認識の単位は，**当事者間で合意された実質的な取引の単位**に基づくべきです。一般的には契約書が実質的な取引の単位になりますが，契約書が実質的な取引の単位となっていない場合もあります。その場合は複数の契約書を合体させる，または，１つの契約書を分解することにより，取引の単位を認識する必要があります。

受注制作のソフトウェアの場合，契約の履行は，納品後，ユーザーの検収（**成果物が取り決めた契約内容に応じているかの確認**）により完了します。そのため，実質的な取引の単位は**成果物との対応**で考えるとよいでしょう。

パターン	内容	単位
①	１つの契約書に１つの成果物	契約書単位
②	１つの契約書に複数の成果物	成果物単位
③	複数の契約書に１つの成果物	成果物単位

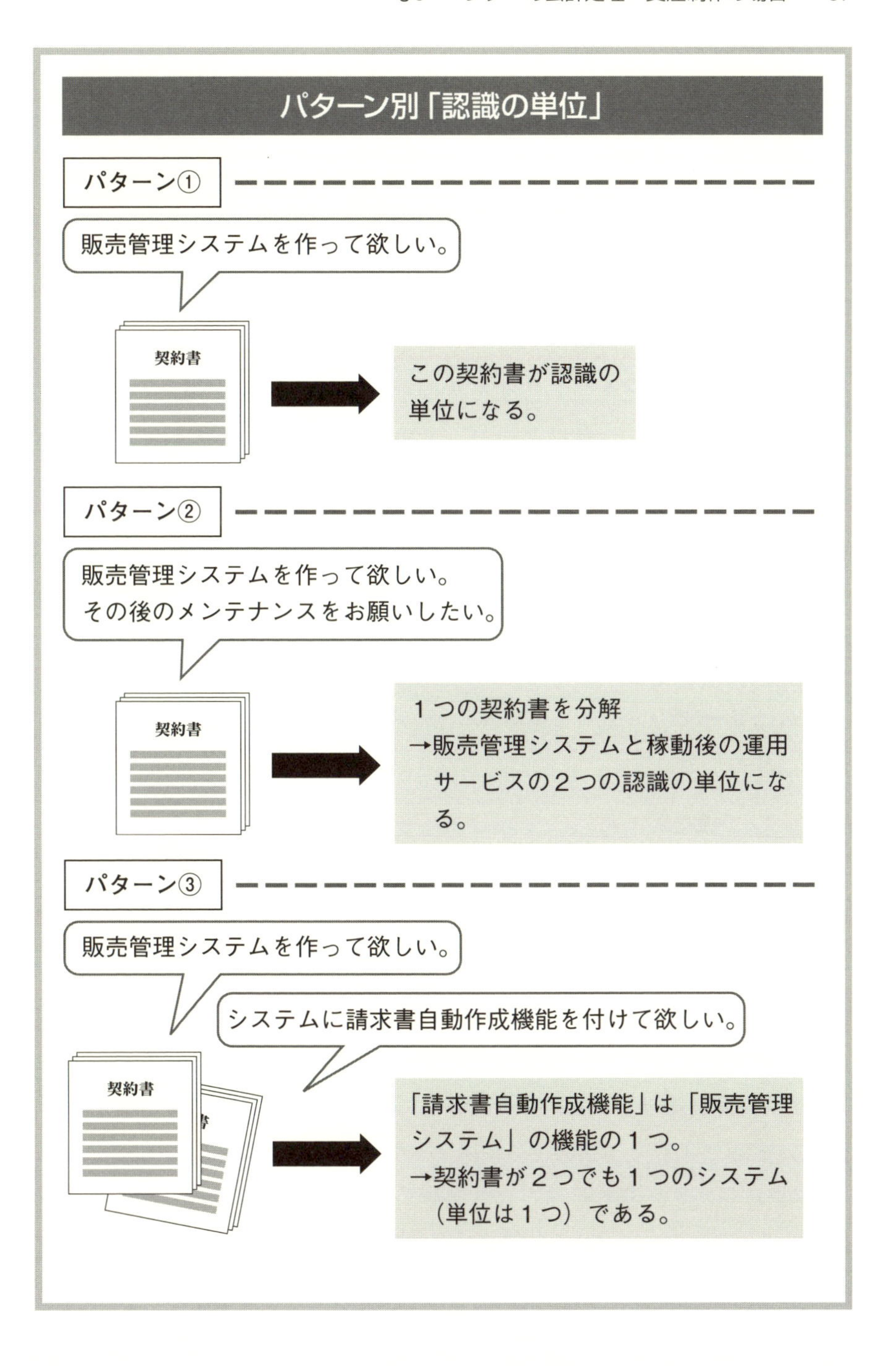
パターン別「認識の単位」
パターン①
販売管理システムを作って欲しい。
契約書
この契約書が認識の単位になる。
パターン②
販売管理システムを作って欲しい。
その後のメンテナンスをお願いしたい。
契約書
１つの契約書を分解
→販売管理システムと稼動後の運用サービスの２つの認識の単位になる。
パターン③
販売管理システムを作って欲しい。
システムに請求書自動作成機能を付けて欲しい。
契約書
「請求書自動作成機能」は「販売管理システム」の機能の１つ。
→契約書が２つでも１つのシステム（単位は１つ）である。

3－6 工事完成基準とは？

「完成」したときが収益・原価の計上タイミング！

工事契約の会計処理方法には，工事完成基準と工事進行基準の２つの方法があります（どちらの基準を選択すべきかは，§3-8参照）。

工事完成基準とは，作業が完了し，目的物の引渡しを行った時点で収益および原価を一時に計上する方法をいいます。メーカーが製品を販売した時に，サービス提供会社がサービス提供を完了した時に，収益および原価を計上することと同じで，収益認識の原則である**実現主義**（物やサービスの提供が完了し対価を受領した時に収益を計上する）の考えに基づいた方法です。

工事完成基準は完成・顧客への引渡時に契約金額を収益計上します。制作原価は，制作途中では仕掛品（作りかけの製品）としてたな卸資産に計上し，収益計上時にたな卸資産から原価へ振り替えます。これが工事完成基準にメリットをもたらします。

まず，工事の完了時に収益および原価を計上するため，工事進行基準のように進捗度の計算が不要です。制作途中では収益の処理は不要，制作原価についてはかかった分だけ仕掛品として計上すればよいので，会計処理が単純です。また顧客への引渡し後の収益計上となるため，計上された収益は客観性・確実性が高いものとなります。

このようなメリットがある一方，デメリットもあります。工事完成基準の場合，完成するまでは収益も原価も計上されないため，制作物を完成させ，収益の獲得に少しずつ向かっている企業活動の成果を適切に反映することができません（具体的な会計処理については§3-13を参照）。

工事完成基準の概要

受注　　制作　　完成・顧客へ引渡し

<進捗度>

0%　20%　40%　60%　80%　100%

制作途中の原価は仕掛品として計上する。

目的物が完成し，顧客に引渡した時点（＝進捗度100%）で全ての収益を計上し，仕掛品を原価に振替え，全ての原価を費用計上する。

<工事完成基準の特徴>

メリット	進捗度の計算が不要なため会計処理が単純 計上された収益は客観性・確実性が高い
デメリット	制作期間が長期にわたる場合，企業活動の成果を適切に描写できない

3－7 工事進行基準とは？

「進捗度」に応じて収益・原価を計上！

工事進行基準とは，収益総額，原価総額，決算日における進捗度を合理的に見積り，これに応じて当期の収益および原価を計上する方法をいいます。工事の進捗度に応じて収益を計上するという考え（対価を受領したか否かではなく，収益獲得の経済的事実があった時に収益を計上する）に基づいた方法です。施工者がその契約上の義務すべてを果たし終えておらず，法的には対価に対する請求権を獲得していなくても，成果の確実性がある場合は，収益を認識してよいと考えたのです。

制作原価については，発生した時点で原価を計上します。

工事の進捗に応じて収益を計上するため，制作物を完成させ収益の獲得に少しずつ向かっている企業活動の成果を適切に描写することができ，これが工事進行基準のメリットになります。

このようなメリットがある一方，デメリットもあります。進捗度に応じて収益を計上する工事進行基準では，進捗度の計算が必要になり，会計処理が煩雑になります。また，進捗度を適切に見積れない場合，計上される収益に恣意性が介入し，企業活動の成果を適切に描写できないおそれがあります。また，作業途上において仕様変更等により収益総額や原価総額が変更となった場合，進捗度の見直しを行う必要があります（具体的な処理については§3-14，§3-15を参照）。

工事進行基準の概要

受注　制作　完成・顧客へ引渡し

<進捗度>

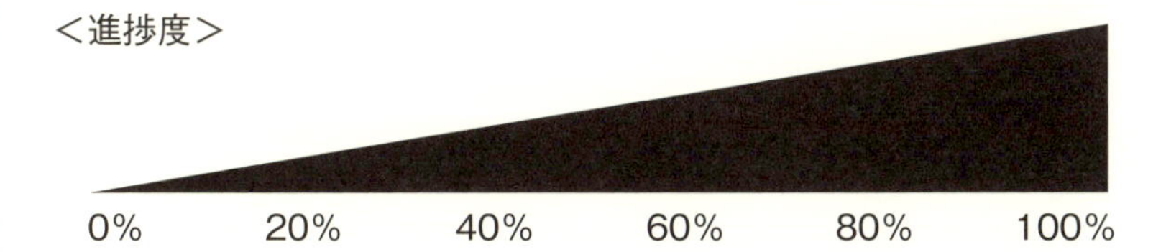

工事の進捗状況に応じて毎期収益・費用を計上する。

<工事進行基準の特徴>

メリット	制作期間が長期にわたる場合も，企業活動の適切な描写ができる
デメリット	進捗度の計算が必要なため会計処理が煩雑 進捗度の見積りに恣意性が介入するおそれがある

3－8 ２つの基準の選択

完成基準と進行基準はどちらを採用してもいいの？

工事契約会計基準には，工事完成基準と工事進行基準の２つの会計処理方法が規定されていますが，**どちらかを自由に選択できるわけではありません**。工事契約会計基準導入前は，これらについて選択適用が認められていました。この結果，会社がどちらを選択するかで，収益および原価の計上タイミングが異なり，企業間の業績の比較可能性が損なわれると指摘されていたのです。この問題解消のため，工事契約会計基準は工事契約ごとに会計処理方法を選択するための指標を明らかにしました。

その指標とは「成果の確実性」です。

成果の確実性が認められる場合は工事進行基準，そうでない場合は工事完成基準を適用します。成果の確実性が認められる場合とは，以下の３点について**信頼性をもって見積ることができる**場合です。

1	工事収益総額（§3-11）
2	工事原価総額（§3-10）
3	決算日における工事進捗度（§3-12）

Check!　重要性が乏しい場合は工事完成基準でもOK！

工期がごく短いもの（四半期決算をまたがないようなもの）は，通常金額的な重要性が乏しく，また工事契約としての性格にも乏しい場合が多いとし，このような取引については工事完成基準を適用することが認められます。

工事完成基準か工事進行基準かの判断

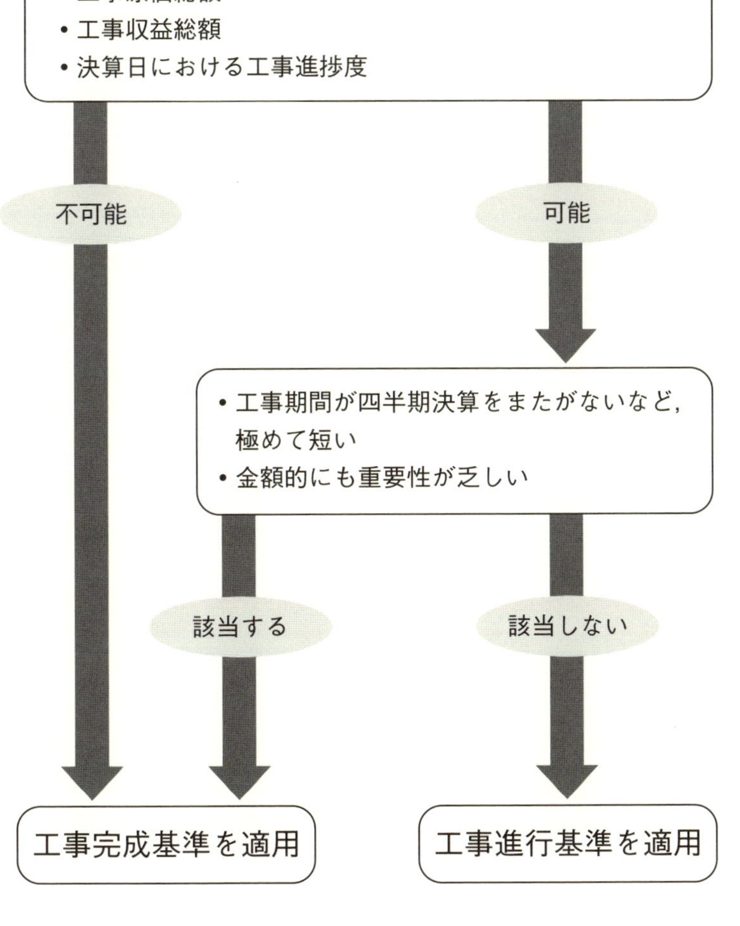

3－9 工事進行基準の適用要件

キーワードは成果の確実性

工事進行基準では，進捗度に応じて収益を計上することにより，企業活動の成果を適切に表すことができます（§3-7）。ただし，進捗度に信頼性がない場合に，工事進行基準を適用するとかえって財務数値をゆがめてしまいます。

では，「工事進行基準により計上された収益・原価が企業活動の成果を適切に表している」といえるには，何が必要でしょうか。

まず，「収益が企業活動の成果を表す」前提として，工事の対価が回収可能であること，つまり，**対象となる取引の実体があること**が必要です。実体があるとは，容易に解約されないこと，または仮に制作途中で解約されたとしても，それに見合う対価が回収可能であることが必要となります。

取引に実体があるとして，次は「成果の確実性」が認められることが必要です。なぜなら進捗度に応じて収益を計上する工事進行基準には（§3-7），見積りの要素が含まれるためです。

「成果の確実性」が認められるためには，工事契約会計基準では，①工事原価総額（§3-10），②工事収益総額（§3-11），③決算日における工事進捗度（§3-12）の各要素が信頼性をもって見積ることができることを求めています。この３つの要件をすべて満たすことで，制作の進捗割合に応じて計上された収益が，企業活動の成果を適切に表しているといえることになります。

成果の確実性とは？

工事進行基準

工事完成基準

工事進捗度に応じて売上を計上

完成引渡時に全額売上を計上

■成果の確実性が認められるには

前提条件	容易に解約されることがないこと，または仮に制作途中で解約されたとしてもそれに見合う対価が回収可能であること
要件	①工事収益総額，②工事原価総額，③工事進捗度が信頼性をもって見積り可能であること

3−10 工事原価総額の見積り

受注制作ソフトウェアにいくらかかるのか

工事進行基準の適用要件の１つ目として，工事原価総額について確認しましょう。受注制作ソフトウェアにおける**工事原価総額とは，ソフトウェアの制作にかかるコスト総額であり，その大部分は人件費**です。人件費を見積るためには，制作にどのくらいの単価の人がどのくらいの時間を要するのかを見積ることができなければなりません。

受注制作ソフトウェアの場合，制作着手段階では，要件定義が明確になっておらず仕様の詳細が固まっていないケースや，仕様の詳細が決まっていたとしても制作に要する時間が正確に見積れないケースがあります。また，制作途中で仕様が変更になるケースもあります。このため，工事原価総額を見積るのは難易度が高いのです。

そこで，適時・適切に見積時間と実績時間を比較・分析し，工事原価総額を見直すことにより工事原価総額を最善の見積りの状態に保つことが求められます。見積りの精度を高める１つの方策として**WBS**を作成し，WBSを適時更新することが考えられます。

WBSとは

WBS（ワーク・ビジネスダウン・ストラクチャー）とは，プロジェクト完了に必要な作業内容を明確化し，作業ごとに階層構造で分割し，いつ何をどの程度の工数で実施するかを見積る方法です。

工事原価総額の信頼性ある見積りとは？

■ソフトウェア制作にかかる工数内訳

××開発	何人日
運用テスト	何人日
データ移行	何人日
ユーザー教育	何人日
プロジェクト管理	何人日
…	何人日
合計	何人日

左記のように，工数を積み上げることができなければ，工事原価総額は見積れない

そもそも工数を積み上げるには？
⇒要件定義や仕様詳細が確定していることが必要

要件定義や仕様詳細が確定していたとしても，制作途中で変更になるケースも多数存在

■見積時間と実績時間の比較・分析

	見積り	実績	見積り－実績
××開発	×××	×××	×××
運用テスト	×××	×××	×××
データ移行	×××	×××	×××
ユーザー教育	×××	×××	×××
プロジェクト管理	×××	×××	×××
…			
合計	×××	×××	×××

見積りと実績を比較・分析し，工事原価総額を見直すことにより工事原価総額を最善の見積りの状態に保つ

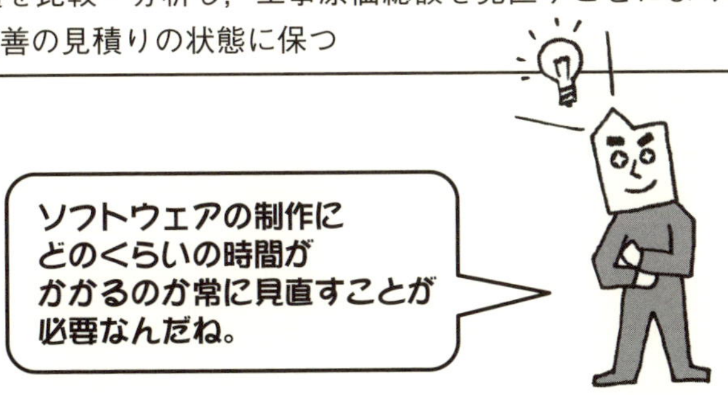

3−11 工事収益総額の見積り

受注制作ソフトウェアによりいくらもらえるのか

２つ目の工事進行基準の適用要件として，工事収益総額について確認しましょう。受注制作ソフトウェアにおける**工事収益総額とは，受注者がソフトウェアを完成させることにより受け取る金額**です。

工事契約会計基準では，「信頼性のある見積り」の前提として，２つの要件を求めています。

第１が工事が完成する確実性です。そのために受注者側にソフトウェアを完成させる十分な能力があることが必要です。第２にプロジェクトの完了を妨げる環境要因（たとえば，仕様が未確定，完成には新規技術が必要等）がないことです。そもそもソフトウェアが完成しなければ，代金の回収が不確実となり，収益認識の要件を満たさなくなるため，この前提が必要となります。

前提が満たされたとして，**受注者が発注者からいついくらをどのようにもらうのか（金額・決済条件・決済方法）につき合意し**その内容を契約書等で明確にすることが求められます。そこではじめて工事収益総額を見積ることが可能となるのです。

Check!　将来の不確実な事象が見込まれる場合

契約時点で工数を精緻に見込めないとか，人件費の高騰が見込まれるといった場合があります。こうした場合，たとえば「受注制作の工数が一定以上の場合，追加の対価を設定する」といった取り決めをしておけば，「内容が契約書等で明確になっている」と認められます。

工事収益総額の信頼性のある見積りとは？

（前提条件）
受注者側にソフトウェアを完成させる十分な能力があり，プロジェクトの完了を妨げる環境要因がない

（要件）
契約書等において当事者間で合意された契約金額・決済条件・決済方法が明確になっている

前提条件・要件を満たした場合

工事収益総額を信頼性をもって見積ることが可能

3−12 決算日における工事進捗度

工事進捗度の測定方法

３つ目の工事進行基準の適用要件である工事進捗度について確認しましょう。工事進捗度とは，受注制作ソフトウェアの場合，プロジェクトの進捗割合と捉えることができます。では，進捗割合はどのように算定するのでしょうか。工事進捗度を測る方法として，**原価比例法**が実務上広く採用されています。

原価比例法	決算日までに発生したコスト累計の，プロジェクト総コストに対する割合を工事進捗度とする方法 $$\text{工事進捗度}=\frac{\text{決算日までに発生したコスト累計}}{\text{工事原価総額（プロジェクト総コスト）}}$$

工事契約会計基準上，原価比例法以外に**直接作業時間**比率，**施工面積**比率による方法が例示されており，これらの方法が工事進捗度をより適切に測れるということであれば，採用することができます。

直接作業時間比率は，受注制作ソフトウェアのコストの大部分が人件費であることから，工事進捗度をより適切に測ることができる場合もあります。ただし，業務の一部あるいは全部を外注先に委託しているケースでは，外注先の直接作業時間を把握することになるので，実務上，適用が困難とも考えられます。

一方，**施工面積**比率については，そもそも無形である受注制作ソフトウェアにおいて施工面積自体なく，また施工面積に相当する指標の設定も難しく，採用しているケースはないと考えられます。

工事進捗度の測り方

適切な工事進捗度とは？

プロジェクトの進捗割合を適切に表す方法である

■工事進捗度の測り方として例示されている測定方法

測定方法	特　徴
原価比例法	実務上広く採用される。
直接作業時間比率法	原価の大部分が人件費のため，この方法が最も適切なケースが存在する。ただし，外注先を利用しているケースにおいては，適用が困難であることが想定される。
施工面積比率法	受注制作ソフトウェアにおいては，適用されているケースはないと想定される。

3−13 工事完成基準の会計処理

成果物の提供が完了するまで売上高は計上されない

工事完成基準においては，受注制作ソフトウェアが完成し，顧客への引渡しが完了した時点で売上高が計上されます（§3-6）。「顧客への引渡完了」とは，一般に，顧客側の検収が完了していることが必要です。

工事完成基準では，プロジェクトが長期にわたる場合，完成した年度のみで売上高が計上されます。また決算日前に引渡しをしても，顧客側の検収が翌期となった場合も，売上計上は翌期となります。

一方，コストについては発生した時点で仕掛品として計上します。

■工事完成基準の会計処理

時点	会計処理
プロジェクト進捗段階	発生原価を仕掛品に計上
プロジェクト完成引渡時	収益・原価を計上

■プロジェクト進捗割合と工事完成基準の会計処理イメージ

プロジェクト進捗割合

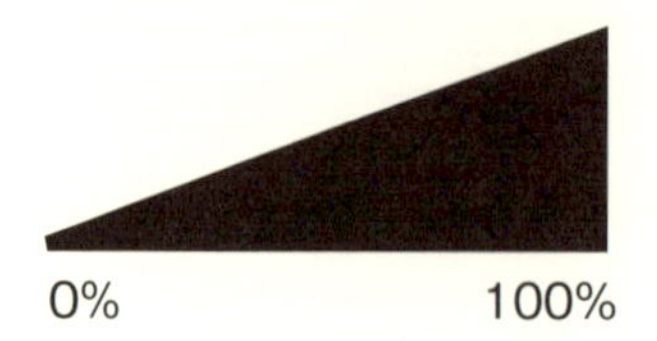

会計処理イメージ

工事完成基準の会計処理

■設例

工事収益総額200千円　工事原価総額150千円（いずれも契約時における見積りであり，その後変更がなかったものとする）

原価発生額　初年度30千円　２年度75千円　３年度45千円

３年度に完成・引渡しを行った（顧客の検収は完了しているものとする）

初年度の会計処理

- 初年度の発生原価30千円を仕掛品の勘定に計上

（借）仕掛品	30千円	（貸）現金預金	30千円

２年度の会計処理

- ２年度の発生原価75千円を未成工事支出金の勘定に計上

（借）仕掛品	75千円	（貸）現金預金	75千円

３年度の会計処理

- ３年度の発生原価45千円を未成工事支出金の勘定に計上

（借）仕掛品	45千円	（貸）現金預金	45千円

- 完成・引渡時に売上高・売上原価の計上

売上高：工事収益総額200千円

売上原価：初年度発生原価30千円＋２年度発生原価75千円＋３年度発生原価45千円

（借）工事未収入金	200千円	（貸）売上高	200千円
（借）売上原価	150千円	（貸）仕掛品	150千円

■プロジェクト損益計算書

	初年度	２年度	３年度
売上高	0	0	200
売上原価	0	0	150
利益	0	0	50

完成・引渡年度以外は
損益影響額はゼロなんだね。

3−14 工事進行基準の会計処理①

初年度の会計処理

工事進行基準においては，工事進捗度（§ 3-12）に応じて売上高を計上します。工事進捗度として原価比例法（§ 3-12）を用いる場合で具体的に考えてみましょう。

原価比例法では，まず，決算日までに発生したコスト累計を把握するとともに，工事原価総額の見積りに変更がないか検討します。次に，これらから算定した工事進捗度を工事収益総額に乗じ，売上高を算定します。プロジェクトの途中段階においても売上高が計上される点が工事完成基準と大きく異なる点です。

Check!　工事原価総額・工事収益総額が変更になった場合

プロジェクトの途中段階において工事原価総額（§ 3-10）や工事収益総額（§ 3-11）が変更になった場合には，変更時点以降はこれらを反映し，売上高を算定します。ただし，変更時点までに既に計上された収益・原価の金額を修正することは行われません。

プロジェクト２年目以降は工事進捗度による売上高累計から過年度に計上した売上高を控除した金額が売上高となりますが（§ 3-15），変更による影響額は変更が行われた年度の収益・原価に反映されることになります。

工事進行基準初年度の会計処理

■設例

工事収益総額：200千円，工事原価総額：150千円（いずれも契約時における見積りであり，その後変更がなかったものとする）

発生原価：初年度30千円

３年度に完成・引渡しを行った。工事進行基準の適用要件を満たしており，工事進捗度は原価比例法を採用している。

初年度の会計処理

・発生原価を売上原価に計上

（借）売上原価	30千円	（貸）現金預金	30千円

■工事進捗度の算定

$$工事進捗度=\frac{決算日までに発生したコスト累計}{工事原価総額（プロジェクトの総コスト）}$$

$$=\frac{30}{150}=20\%$$

■売上高の算定

工事収益総額200千円×工事進捗度20%=40千円

・工事進捗度に応じた売上高の計上

（借）工事未収入金	40千円	（貸）売上高	40千円

■プロジェクト進捗割合と工事進行基準の会計処理イメージ

プロジェクト進捗割合　　会計処理イメージ

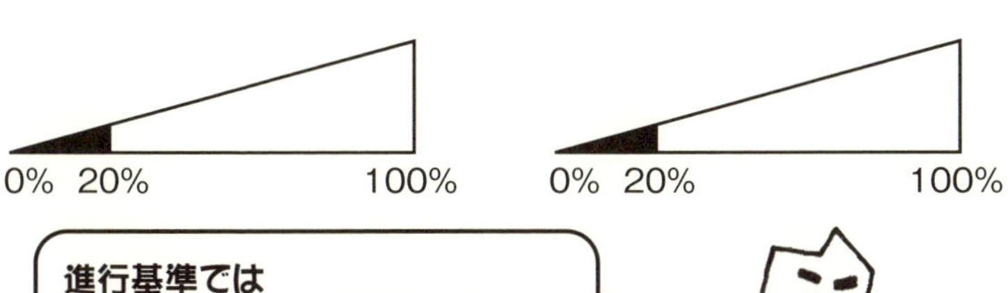

3−15 工事進行基準の会計処理②

２年目以降の会計処理

２年目以降における工事進行基準の会計処理においても，工事進捗度の算定が必要となります。具体的には，工事進捗度に応じた売上高累計から過年度に計上した売上高を控除します。ソフトウェア完成・引渡年度には工事進捗度が100％なので，工事収益総額から過年度に計上した売上高を控除した金額を計上することになります。

工事進行基準を適用した場合であっても，売上高・売上原価の累計額は工事完成基準を適用した場合と一致することになります。

時点	工事進行基準における売上高・売上原価の会計処理
初年度	• 以下の算式で計算されて金額を売上高に計上 工事収益総額×工事進捗度（決算日までに発生したコスト/工事原価総額） • 発生原価を売上原価に計上
２年目以降	• 以下の算式で計算されて金額を売上高に計上 工事収益総額×工事進捗度－過年度に計上した売上高 • 発生原価を売上原価に計上
引渡年度	• 以下の算式で計算されて金額を売上高に計上 工事収益総額－過年度に計上した売上高 • 発生原価を売上原価に計上

工事進行基準2年目以降の会計処理

■設例

２年度発生原価75千円，３年度発生原価45千円。

その他は§3-14と同様

［２年度の会計処理］

• 発生原価を売上原価に計上

（借）売上原価	75千円	（貸）現金預金	75千円

■工事進捗度および売上高の算定

$$工事進捗度 = \frac{決算日までに発生したコスト累計}{工事原価総額（プロジェクトの総コスト）}$$

$$= \frac{（初年度分30＋２年目分75）}{150} = 70\%$$

工事収益総額200千円×工事進捗度70%=140千円

140千円－過年度売上高計上額40千円＝100千円

• 工事進捗度に応じた売上高の計上

（借）工事未収入金	100千円	（貸）売上高	100千円

［３年度の会計処理］

• 発生原価を売上原価に計上

（借）売上原価	45千円	（貸）現金預金	45千円

■売上高の算定

工事収益総額200千円－過年度売上高計上額（初年度40千円＋２年度100千円）＝60千円

• 工事進捗度に応じた売上高の計上

（借）工事未収入金	60千円	（貸）売上高	60千円

■プロジェクト損益計算書

	初年度	２年度	３年度	計
売上高	40	100	60	200
売上原価	30	75	45	150
利益	10	25	15	50

3−16 ２つの基準による業績の見え方の違い

進行基準は完成基準より利益が先に計上される

同じプロジェクトであっても，適用する会計基準が工事進行基準か工事完成基準かで，発生年度ごとの損益が異なります（§3-13〜3-15）。

結果的に，**プロジェクト全体で利益が見込まれている場合には，工事進行基準を適用すると，工事完成基準を適用した場合と比べ利益が先に計上される**ことになります。

また，受注制作ソフトウェアは長期間に及ぶ巨大プロジェクトになるケースもあり，いずれかの基準をとるかで予算や中期事業計画にも影響を与える可能性があります。また，成果の確実性が得られない等でいずれかの基準をとるかが変わると，業績予想を修正する必要性が生じる可能性もあります。

このため，**工事進行基準の要件を満たすか否かには慎重な判断が必要**となります。

Check!　工事進行基準の適用要件を満たさなくなった場合

プロジェクトの途中段階において工事進行基準の適用要件（§3-7）を満たさなくなった場合には，その時点から工事完成基準に変更する必要があります。ただし，それまでに計上された売上高・売上原価は修正されません。

工事完成基準と工事進行基準の業績の見え方の違い

■工事進行基準と工事完成基準の会計処理イメージ

工事進行基準

工事進捗度に応じて売上を計上

■プロジェクト損益計算書

	初年度	2年目	3年目	計
売上高	40	100	60	200
売上原価	30	75	45	150
利益	10	25	15	50

工事完成基準

完成引渡時に全額売上を計上

■プロジェクト損益計算書

	初年度	2年目	3年目
売上高	0	0	200
売上原価	0	0	150
利益	0	0	50

一致

3−17 工事進行基準により計上された債権

会計上・税務上は債権だが，法的には債権ではない

工事進行基準により収益が計上された場合，相手勘定として債権（工事未収入金）が計上されます。この債権は工事進捗度に応じて計上されるため，請求権の有無は関係ありません。

工事進行基準により計上された債権の法的な取扱い，会計上の取扱い，税務上の取扱いについては以下のとおりです。

【法律上の取扱い】

ソフトウェアの制作途中で計上された債権は，ソフトウェアの制作が完了し検収された場合の債権とは性格が異なるため，法的な請求権はなく，**法的には債権とはいえません**。この点が工事完成基準により計上された債権との違いといえます。

【会計上の取扱い】

法的な取扱いは債権とはいえない状態であったとしても，会計上は成果の確実性（§3-9）が高まったことを条件に認識する債権であり，**会計上は金銭債権として扱います**。入金があった場合には，計上されている債権から減額されます。回収可能性に疑義が存在する場合には，貸倒引当金の計上が必要となります。また，外貨建ての場合には，決算日のレートで換算することが必要です。

【税務上の取扱い】

税務上も会計上と同様に債権として扱われます。そのため，貸倒引当金の設定対象となります。また，外貨建ての場合には，決算日のレートで換算することが必要です。

工事進行基準により計上された債権の取扱い

工事進行基準により計上された債権は顧客により検収された債権ではなく，法的な請求権もない

分類	債権か？	備考
法律上	No	
会計上	Yes	・貸倒引当金の設定対象となる
税務上	Yes	・外貨換算の対象となる

貸倒引当金の設定対象となることは共通するけれど，貸倒引当金の計算方法は会計上と税務上では異なるので注意が必要だよ。

3−18 収益認識会計基準導入の影響

受注制作ソフトウェアの収益認識はどう変わる？

収益認識に関する会計基準（以下，「収益認識会計基準」という）では，履行義務が一定の期間にわたり充足されるのか，一時点で充足されるのかがポイントになります（§ 2-14）。受注制作のソフトウェアの場合はどうなるでしょうか。§ 2-16で示した(1)〜(3)のいずれかに該当すれば，履行義務の充足は一定期間にわたるとされます。

受注制作のソフトウェアは，**特定のユーザー**から受注し，**個別に制作**，提供されるものなので，(3)①「売主が買主への義務を果たすことで，**別の用途に転用できない**資産が生じる，または，価値が上がること」に該当します。そこで，(3)②「**義務を果たした部分について**，対価を受け取る強制力がある」といった特約を締結していれば，受注制作のソフトウェアの履行義務は，一定の期間にわたると判断されます。この場合，進捗に伴い収益をする（現行でいう工事進行基準を適用）ことになります。

Check!　成果物の完成引渡しがなくても代金請求OK！

§ 2のコラムに記載のとおり，民法改正により成果物が未完成の場合でも代金の請求ができるようになりました。改正民法施行後は特約がなくとも「義務の履行を完了した部分」については代金の請求ができると解釈されます。

一定の期間？一時点？

<受注制作のソフトウェアの場合，どう考えるか？>

一時点で履行義務充足？

それとも

一定の期間にわたって履行義務充足？

・特定の顧客のために制作しているものなので他の用途には使えない
・徐々に完成に向かっていく

一定の期間にわたって履行義務充足

取引の開始（進捗度0%）から完全に履行義務を充足する時点（進捗度100%）までの期間がごく短い場合は完全に履行義務を充足する時点で収益認識できるよ（適用指針案第94，95項）。

3−19 新基準での工事進行基準の考え方

履行義務がどのように充足されるかで判断する

現在，工事進行基準は，成果の確実性が認められる場合に選択される方法であり，工事の進捗度に応じて収益が計上されます。工事の途中では，契約上の義務が完了していませんが，成果の確実性がある場合は，収益を認識してよいと考えたのです（§3-7）。この工事進行基準の収益計上方法は，収益認識会計基準でも定められていますが，考え方が少し異なります。

収益認識に関する会計基準においては，まず**履行義務がいつ充足されるのか**（一定の期間にわたり徐々に義務が達成されるのか，ある一時点で義務が達成されるのか）を判定し，その次に**履行義務の充足に係る進捗度を合理的に見積ることができるか**を判定します。履行義務が一定の期間にわたり充足され，かつその進捗度を合理的に見積ることができる場合が，現在の工事進行基準にあたります。

工事契約会計基準の場合は，工事進行基準が選択された結果として工事の進捗度に応じて徐々に収益が計上されるようになっていました。新基準の場合は，まず収益がある一時点で認識されるべきなのか，それとも完成に向かって徐々に認識されるべきなのかを判断し，進捗度を合理的に見積ることができるか否かは次の段階で検討することになります。

工事進行基準の考え方の変更点

■工事進行基準の適用要件

現行（工事進行基準）：

成果の確実性，すなわち工事収益総額，工事原価総額，決算日における工事進捗度を信頼性をもって見積ることができる場合

今後（収益認識会計基準適用以後）：

①履行義務が一定の期間にわたり充足し

②その進捗度を合理的に見積ることができる場合

収益認識会計基準では，まず収益が徐々に認識されるべきなのか，一時点で認識されるべきなのかを判断し，次に作業の進捗度を合理的に見積ることができるのかを考えるよ。

3−20 受注制作のソフトウェアの収益認識方法

どの方法を採用すればいいのか

受注制作のソフトウェアの会計処理を工事完成基準と工事進行基準のどちらを選択するかは，現在は，工事契約会計基準に従い，成果の確実性が認められるか否か（§3-9～3-12）で判断します。

収益認識に関する会計基準の適用に伴い，工事契約会計基準が廃止されますが，新基準では，**履行義務の充足をどう捉えるか**がポイントになります。

履行義務の充足が**一時点**と判定されると，現在の**工事完成基準**にあたる会計処理を行います。**一定の期間**と判定されたもののうち，**進捗度を合理的に見積ることができる**場合は現在の**工事進行基準**にあたる会計処理を行います。一定の期間と判定されたが進捗度が合理的に見積ることができない場合は，進捗度が合理的に見積ることができる時までは制作にかかった費用のうち回収できる額を収益として計上します（**原価回収基準**）。

Key Word 「原価回収基準」とは？

進捗度を合理的に見積ることができないが，発生する費用を回収することが見込まれる場合にとられる方法です。具体的には，原価を発生時に認識すると共に，回収することが見込まれる費用の額で収益を認識します。

収益認識のパターン

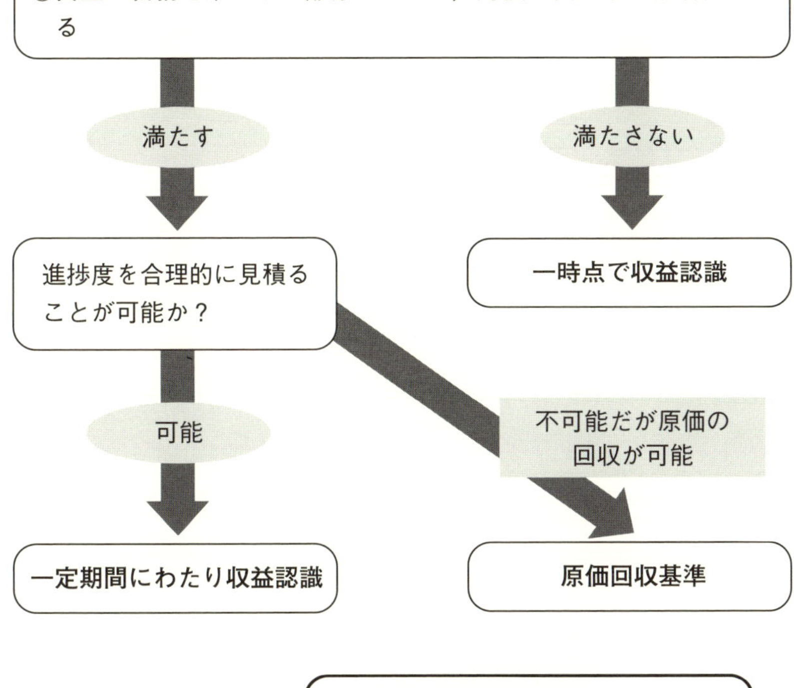
①・②を満たしているか？
①売主が買主への義務を果たすことで，別の用途に転用できない資産が生じる，または，価値が上がる
②買主が義務を果たした部分について，対価を受け取る強制力がある
満たす
満たさない
進捗度を合理的に見積ることが可能か？
一時点で収益認識
可能
不可能だが原価の回収が可能
一定期間にわたり収益認識
原価回収基準

現状の「工事完成基準」が「一時点で収益認識」，「工事進行基準」が「一定期間にわたり収益認識」，そして原価回収基準は新しい基準というイメージになるよ。

COLUMN

ソフトウェアにおける特許権と著作権

特許権が対象としているもの・著作権が対象としているもの

ソフトウェアは，著作権による保護とともに特許権によっても保護されています。特許権は技術的な抽象的「アイディア」に認められる権利で，著作権は「プログラムそのもの」に認められる権利です。

たとえば，「Aというデータを作成するにはａステップ，ｂステップ，ｃステップという処理によって可能になる」というアイディアが特許権になります。一方で，このアイディアを実行可能にするための具体的なプログラムは複数存在する場合があり，著作権はこれら具体的な個々のプログラムについての権利になります。

特許権と著作権　どっちが強い？

あるアイディアの特許権を有していれば，どのようなプログラムに対しても権利を主張できます。つまり，「アイディア」は抽象的であり広く保護されますが，「プログラムそのもの」は具体的であり狭い範囲でしか保護されません。ただし，特許権は強力な権利であり，厳しい要件をクリアしたもののみ認められるものなので，全ての「アイディア」が特許になるわけではありません。

§4

ソフトウェアと引当金

ソフトウェア業界で計上される引当金には，どのようなものがあり，どのように計上されるのでしょうか？

本章では，ソフトウェア業界に固有の引当金を発生パターン別に説明します。

4－1 引当金とは

ある４要件が生じると引当金計上が必要

引当金とは，将来の特定の費用または損失に備えるために，貸借対照表の負債，または資産の控除項目として計上されるものです。

引当金が計上されるのは，以下の４つすべてを満たした場合です。

① 将来の特定の費用や損失である。
② 発生が当期以前の事象に起因する。
③ 発生の可能性が高い。
④ 金額を合理的に見積ることができる。

引当金の計上目的は，適切な期間損益計算です。費用や損失が実際に発生するのは将来であっても，それが当期以前の事象に起因するのであれば，当期以前で負担すべきものです。④は言い換えると信頼できる見積りが可能ということで適正な期間損益計算の前提上，重要です。そこで，①から④のすべてを満たした場合は，引当金を計上します。

受注制作のソフトウェアでは，契約時に請負額が決まるので，工期が延び原価が膨らむと赤字になることがあります。またバグを完全に取り除くことは難しく，納品・検収後（売上計上後）にエラー対応の費用が発生することがあります。このようにソフトウェア取引のいくつかの局面で損失や費用が生じることがあります。どのような場合に４要件が満たされ，引当金が計上されるのか，§４-２以降で見ていきましょう。

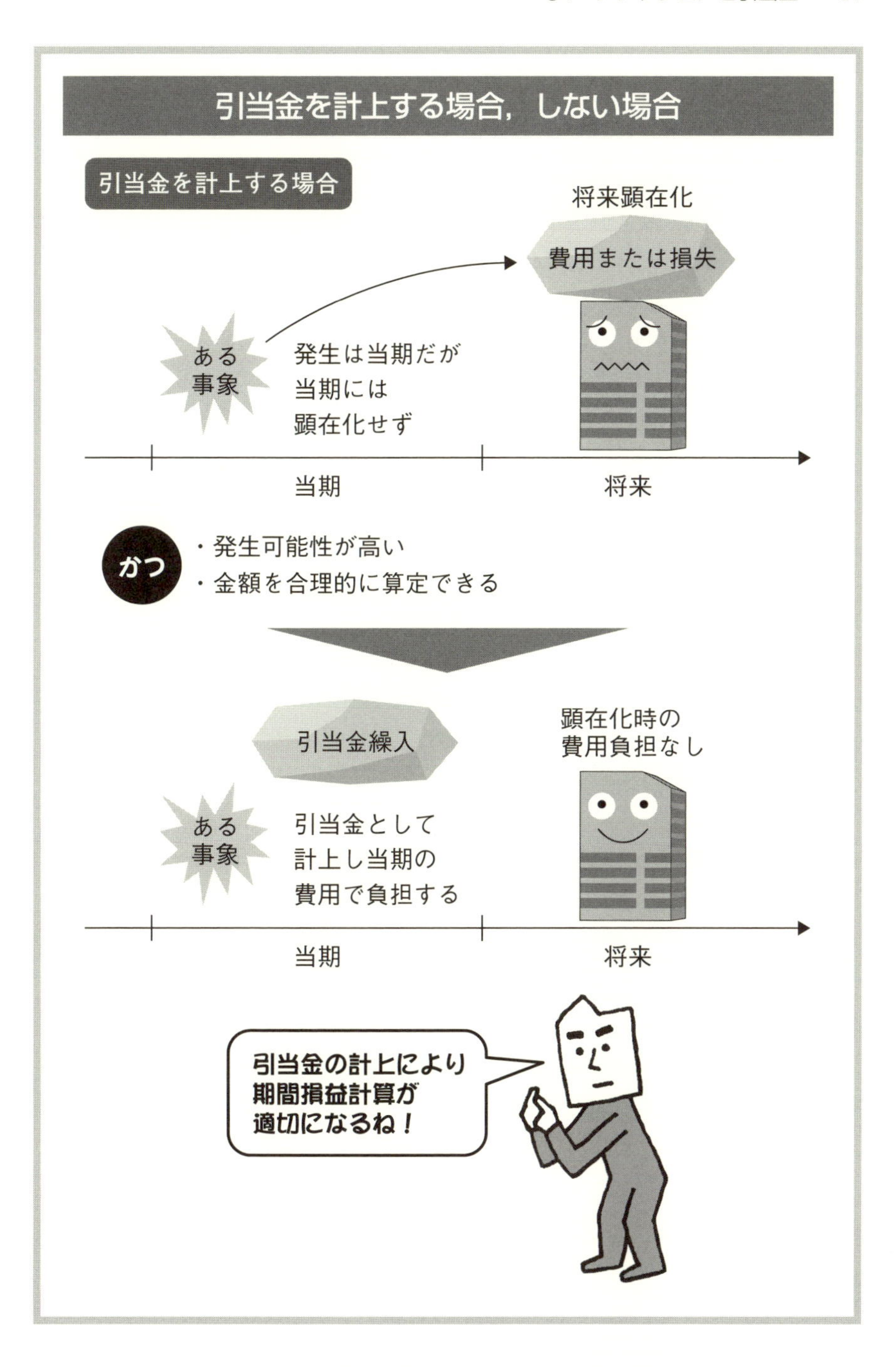

引当金を計上する場合，しない場合
引当金を計上する場合
将来顕在化
費用または損失
ある事象
発生は当期だが
当期には
顕在化せず
当期
将来
かつ
・発生可能性が高い
・金額を合理的に算定できる
引当金繰入
顕在化時の
費用負担なし
ある事象
引当金として
計上し当期の
費用で負担する
当期
将来
引当金の計上により
期間損益計算が
適切になるね！

4－2 受注制作のソフトウェアで損失が見込まれる場合①

工事完成基準の場合

制作原価が当初見積りよりオーバーする場合があります。工数の見積りの過小であるとか，トラブル発生等が考えられます。原因が，顧客側にある，あるいは，人件費の高騰等で，顧客に追加請求できる場合はよいのですが，そうでないと赤字に陥ることがあります。こうした場合，工事完成基準を用いていると，どのような影響があるでしょうか。

工事完成基準の収益および原価の計上は，作業が完了し，目的物の引渡しを行った時点で（§3-6）あり，以下のようになります。

	総収益	総原価	X１期（実績）	X２期（見込み）
契約時見積り	100	70	－	利益30
X１期末見積り*	100	110	－	**損失**10

*X１期末に見積り変更が行われ，完成・引渡しはX２期見込みとする。

X１期に起こったある事象に起因した損失がX２期に計上されると見込まれる場合，発生可能性が高く，合理的に金額を見積ることができれば，引当金の４要件が満たされます。そこで将来の損失10を引当金計上します。

（借）	受注損失引当金繰入額（売上原価）	10	（貸）	受注損失引当金（流動負債）	10

引当金計上により，当期の事象に起因する費用10が，X１期の負担となりました。完成・引渡時であるX２期には，引当金取崩しにより，費用負担が相殺されるのです。

引当金を計上する効果は？

工事完成基準の場合は，ソフトウェア制作が完了し，納品・検収後に収益と費用を計上する。

そのため 赤字が見込まれても，損失が発生するのは，ソフトウェア制作が完成し，引き渡される年度となる。

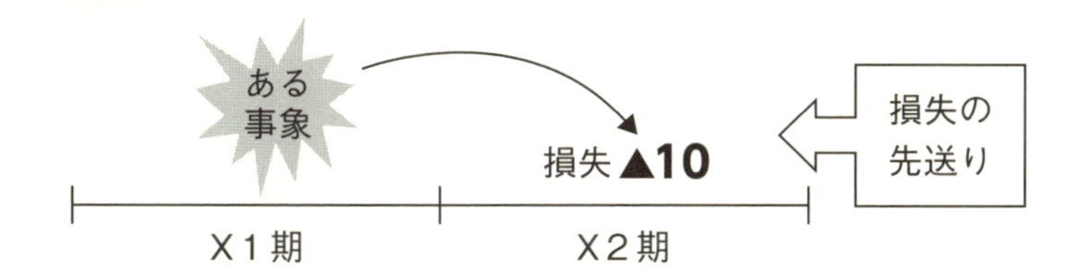

そこで ある事象が起こった年度に，将来の損失と見込まれる額に対し引当金を計上する。

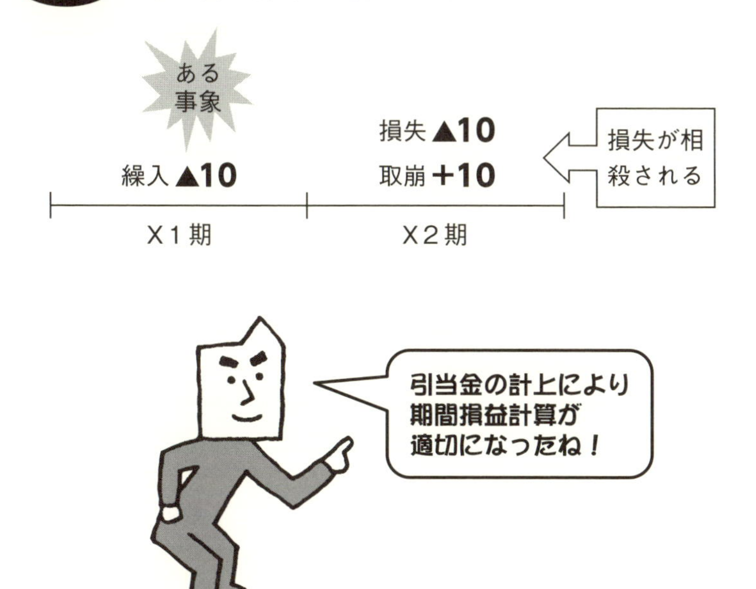

4－3 受注制作のソフトウェアで損失が見込まれる場合②

工事進行基準の場合

同様の状況で工事進行基準を適用している場合で考えてみましょう。

X１期末における翌期以降の損益の見積り

	X１期 （実績）	翌期以降 （見積り）	計
制作原価①	33	77	110
進捗度	30%＊1	100%	–
収益②	30＊2	70＊3	100
利益（▲損失）②－①	▲3	▲7＊4	▲10

＊１　30%＝33÷110　＊２　30＝100×30%　＊３　70＝100－30
＊４　▲７＝70－77

工事進行基準の場合も，引当金の４要件を満たせば，引当金を計上します。工事進行基準の場合は，**進捗が進むにつれ損益を計上しているので，当期までの損益累計の控除が必要**です。

当期までの損益＋翌期以降の損失見込額＝通算の損失見込額

翌期以降の損失見込額（要繰入額）＝通算の損失見込額－当期までの**損益累計**

なお赤字になると，適正な見積りが難しくなります。その結果，成果の確実性（§3-9）が失われると，工事進行基準の要件を満たしません。この場合，成果の確実性が失われて以降は，工事進行基準でなく，工事完成基準で収益を計上します。ただし，それまでに計上した損益の修正は不要です。

工事損失引当金の繰入額は？

受注損失引当金繰入額
＝通算の損失見込額－当期までの損益

つまり，通算の損失見込額が同じでも，当期までに計上した損益により，要繰入額が異なってくる。たとえば通算の損失見込額が10の場合でも状況により繰入額に違いが出る。

ケース1　工事完成基準の場合：完成時まで損益を計上しない

➔要繰入額：**▲10**

ケース2　工事進行基準で当期までに損失を３計上している

➔要繰入額：**▲7**

通算の損失見込額は10だが，すでに損失を３計上しているので繰入額は７

ケース3　工事進行基準で当期までに利益を３計上している。

➔要繰入額：**▲13**

通算の損失見込額は10だが，利益を３計上しているので繰入額は３上乗せする。

工期が３期以上にわたる場合で
１期目に利益を計上しているが，
２期目に将来の損失が判明すると
ケース３のような場合が出てくる。
その場合の繰入額は大きくなるね。

4－4 販売完了後の引当金①

販売後の瑕疵を補修するための費用

受注制作のソフトウェアや，市場販売目的のソフトウェアに顧客仕様の大規模なカスタマイズを加えて販売した場合に，納品・検収後（売上計上後）に発生した瑕疵を補修するための費用（アフターコスト）が見込まれるようなケースについては，以下の２つの状況に分けて考える必要があります。

① アフターコストが通常発生する範囲内の場合
② 多額の追加費用が発生し，実質的には未検収と考えられる場合

①の場合は，ソフトウェアの制作作業に起因して発生する将来の費用であると考えられるため，発生の可能性が高く，金額を合理的に見積もれる場合には，引当金の４要件を充足することになります。

したがって個別にアフターコストの発生額を見積るか，または過去のアフターコストの発生金額に基づいて算定した実積率等により，瑕疵担保責任の履行に関する引当金を計上する必要があります。

一方で②の場合は，成果物の納品，検収は完了していたとしても，ユーザーの要求水準を満たしていない可能性もあるため，追加費用はアフターコストではなく，制作原価とみなされることも考えられます。

この場合には，売上の計上時期が適切であったかについて再度検討を行う必要があります。このように多額の追加費用が見込まれる場合には，適切な売上計上時期について慎重に検討する必要があります。

アフターコストか追加原価か

■アフターコストが通常発生する範囲内の場合

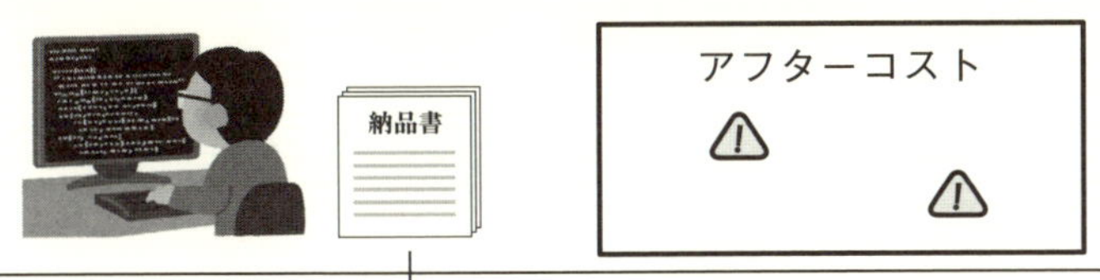

納品，検収→売上計上

発生可能性が高い
金額を合理的に見積れる

（4要件を充足）
瑕疵担保引当金を計上

■多額の追加費用が発生している場合

納品，検収→売上計上

受注した要件定義を
充足していない?
まだ制作が継続している？

（実質的に未検収）
売上の計上時期を慎重に検討

4－5 販売完了後の引当金②

サポートサービスやトレーニングサービス等の取扱い

ソフトウェアを販売する際，サポートサービスやトレーニングサービスなどを合わせて１つの契約とし，提供することがあります。将来，サービスを提供する段階で費用が発生すると考えられるので，引当金計上の４要件（§４－１）に当てはめて，ソフトウェア販売時に引当金計上の検討が必要とも思われます。

しかし，この場合は引当金計上とはなりません。なぜならこれらのサービスは，**ソフトウェアの販売と別個の取引である**からです（複合取引§２－10)。つまり「費用発生が『ソフトウェアの販売という事象』に起因する」のではなく，「サポートやトレーニングなど『他のサービス提供』に伴い発生する費用」ということです。

このため，ソフトウェア販売後の瑕疵を補修するための費用（§４－４）のように，対応する費用についてソフトウェア販売時に引当金として計上するのではなく，各サービスが提供されるタイミングでそれぞれ収益を認識し（§２－11)，対応する費用を計上する方法が原則的な取扱いになります。ただし，サポートサービスやトレーニングサービスが主たる取引（ソフトウェア販売）に付随して提供される場合には，主たる取引であるソフトウェア販売と一体として会計処理することも認められています。

引当金か複合取引か？

販売完了後に発生する費用でも，
販売後の瑕疵を補修する費用
（通常発生する範囲）なら引当金（§4-4），
保守サービスやトレーニングサービスは
複合取引…。
その境目は何なんだろうか？

■納品・検収後の瑕疵を補修するための費用の場合

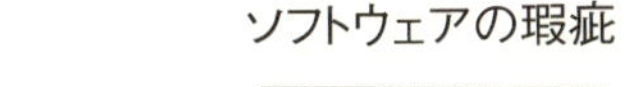

ソフトウェアに瑕疵がある場合，補修しないとソフトウェアは機能しない
➡ソフトウェア販売の履行義務が完全には果たされていない状況
➡補修はソフトウェア販売という事象に起因する
➡引当金計上

■サポートサービスやトレーニングサービスの費用の場合

ソフトウェアの販売

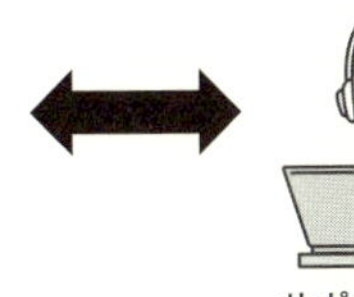

サポートサービスやトレーニングサービスがなくても，ソフトウェアは機能する
➡これらサービスの費用はソフトウェア販売という事象に起因するのではなく，
　同時に締結された契約の別の履行義務
➡複合取引

COLUMN

受注損失引当金と低価法の関係とは？

受注制作のソフトウェアでは，赤字が見込まれる場合，受注損失引当金を計上します（§4-2）。一方，これが工事完成基準の場合は，仕掛品が計上されています。赤字見込みということは，仕掛品に含み損が生じているということ，「棚卸資産の評価に関する会計基準」に従うと，赤字見込み分について仕掛品を評価減することになりますが，受注損失引当金の計上と仕掛品の評価減のどちらの処理を採用すべきなのでしょうか。

「工事契約に関する会計基準」では，検討のうえ，この赤字については受注損失引当金で計上することに決めました。低価法の処理のうち，切放し法の考え方が工事契約の会計処理にはなじまないことや，実務上の負担の軽減を考えたためとのことです。そのうえで，棚卸資産の情報提供のために，同一工事で受注損失引当金と仕掛品が両建てになっている場合には，注記をすることとしました。また，受注損失引当金と仕掛品を相殺することも認められています。

注：工事契約会計基準上は，工事損失引当金という名前となっています。

§5

ベンダーの会計処理
市場販売目的の場合

この§では市場販売目的のソフトウェアにスポットを当てます（減価償却と減損は§7で説明します）。
みなさんの身近にはどのような市場販売目的のソフトウェアがありますか？
そもそもどれが市場販売目的のソフトウェアでしょうか？
具体的に見ていきましょう！

5－1 市場販売目的のソフトウェアとは？

市場販売目的のソフトウェアは「たい焼き」

市場販売目的のソフトウェアとは，不特定多数のユーザー向けに販売するために，汎用性を持たせ開発されたものです。最終制作物は製品マスター（複写可能な完成品）で，複写により製品を大量生産します。つまり，多くのユーザーに販売するソフトウェアの原盤です。

たとえば，たい焼きをイメージしましょう。たい焼き屋さんは，たい焼きの型を作成し，それを使用してたくさんの同じ形のたい焼きを生産して販売します。これをソフトウェアベンダーに当てはめると，ソフトウェアの製品マスター（たい焼きの型）を元に，ソフトウェアのコピー（たい焼き）を生産します。販売するのはコピー（たい焼き）のほうであり，製品マスター（たい焼きの型）は，会社で長期に使用します。同じソフトウェアなので煩雑ですが，市場販売目的のソフトウェアと表現しているのは，会社で長期に使用する製品マスターのほうで，販売されるソフトウェアはたな卸資産（ソフトウェア製品）です。

市場販売目的のソフトウェアと対極なのが，受注制作のソフトウェア（§３参照）です。こちらがユーザーからのシステム要件に従い制作する「オーダーメイド」であるのに対し，市場販売目的のソフトウェアは，特定のユーザーではなく，市場のニーズをくみ取り，ベンダーで要件を決めて制作する「**レディーメイド**」です。たとえば，ワープロソフトや表計算ソフト，ERPソフト，スマートフォンのアプリなどがそれにあたり，その機能を必要とする不特定多数のユーザーが，そのソフトウェアを購入して利用するわけです。

市場販売目的ソフトウェアとは？

■市場販売目的ソフトウェアのイメージ：たい焼き屋さん

①製品マスターの制作

⬅イメージ：試作に試作を重ねて，型を制作する

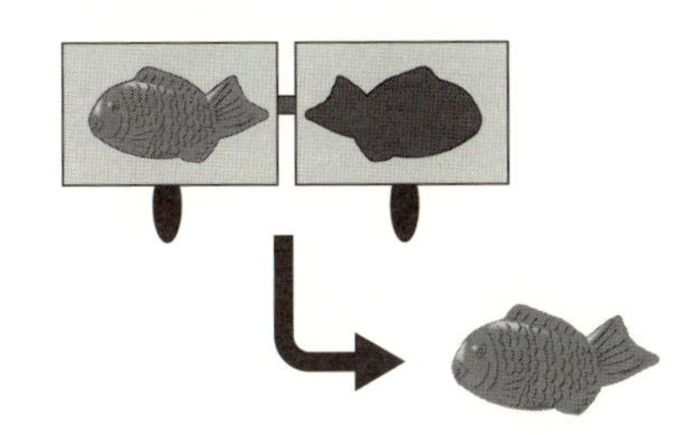

②マスターを元に，コピーを生産・販売

⬅イメージ：型に生地を流し，たい焼きを大量に焼き，販売する

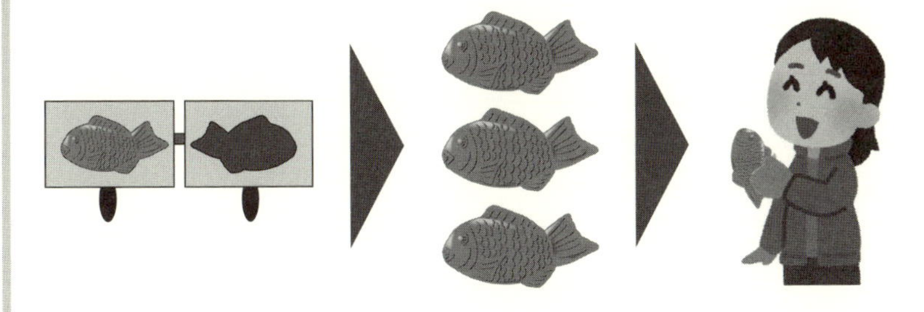

⚠ソフトウェアの原盤と複写生産されたソフトウェアの科目は？

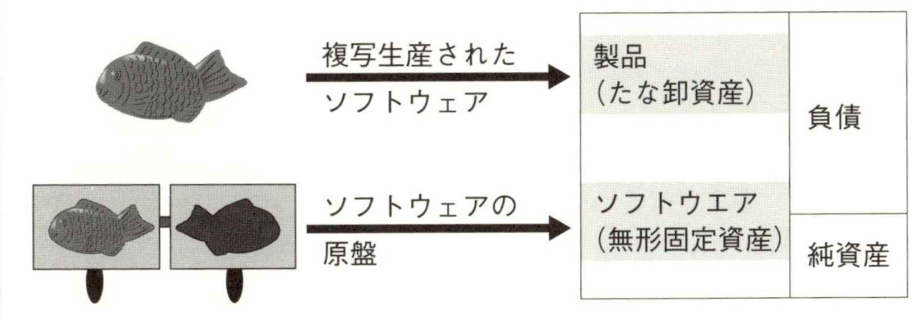

5−2 市場販売目的のソフトウェアができるまで①

まずは企画・要件定義・設計をする

§5-4以降で述べるように，ソフトウェアの制作費用は制作の段階によって，費用化されたり資産化されたりと会計処理が変わります。正しく会計処理をするためには，その制作過程を理解することが重要です。

ソフトウェアの製品マスターの制作過程は「受注制作」であっても「市場販売目的」であっても変わらず，ソフトウェア開発の手法に沿って作られるのが通常です。以下はウォーターフォール型（§8-1）を前提とした企画・要件定義・設計・テストという流れです。

まずは，**企画**です。事業戦略などに鑑み，制作するソフトウェアの分野，投資対効果などを検討します。市場のニーズをくみ取っていかに売れる分野に投資できるかがベンダーの腕の見せ所です。

次に，**要件定義**を行います。要件定義とは，ソフトウェアについての要件，つまりユーザーや市場が望んでいる機能や性能を明確化していく作業のことです。このプロセスでいかに要件を明確化できるかがプロジェクトの成功の要否に影響します。要件の設定主体がユーザー側である「受注制作」と異なり，「市場販売目的」は，市場のニーズからベンダー側で要件を決定します。

次に，**設計**です。要件定義で定まった内容を元に画面遷移や外部システムとの連携などインタフェースを設計する「外部設計」と実際それをどのように実装するかを設計する「内部設計」とを経て，企画したソフトウェアを実現する設計図が完成します。

市場販売目的ソフトウェアができるまで～企画から設計～

■家計簿ソフトウェアができるまで

①**企画**：市場ニーズの把握，制作ソフトウェアの方針決定など

節約志向から家計簿の重要性が増している。
⇒ 家計簿ソフトウェアが売れる！開発だ！

②**要件定義**：ソフトウェアに必要な機能などを定義づけ

ニーズを把握　　　　　　　実現すべき機能を決定

レシートからの
転記が
面倒…！

レシートから数字を打ち込むのが面倒という声あり。
⇒ レシートをカメラで写すと数字が取り込まれる機能をつけよう！

③**設計**：要件をシステムでどう実現するかを設計

外部設計：画面の遷移，外部連携などを設計

内部設計：外部設計を実際にプログラミングするための設計，仕様書作成

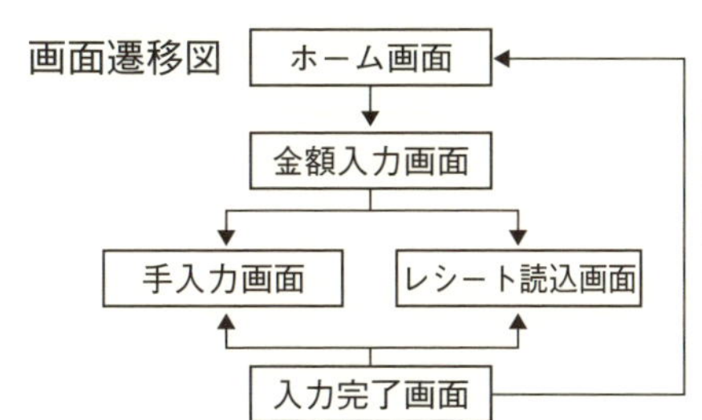

「入力完了画面」の後には必ず「ホーム画面」に戻る画面遷移にしよう！

5－3 市場販売目的のソフトウェアができるまで②

プログラミング，テストそして製品完成まで

続いては，**企画・設計**を通じてでき上がった設計図をもとに，**プログラミング**します。設計図の内容をプログラマがプログラミング言語（Java，C++など）で記述し，それをコンピュータが処理できる言語に変換（コンパイル）することでプログラムができ上がります。

プログラミング後は，ソフトウェアが設計どおりの機能を備えているか**テスト**します。ソフトウェアは通常個別の機能を持った複数のプログラムで構成されますので，まずは個別の機能が実現できているか「単体テスト」が行われます。その後，複数の機能を組み合わせた「結合テスト」を経て，最終的に**要件定義**された機能が実現できているか，「システムテスト」を実施します。これらのテストを通じて，主要なバグを取り終え，技術的な問題点が解消されることで**最初に製品化された製品マスター**（以下，「製品マスターVer.0」という）が完成（§5-5参照）します。

この前後に，製品マスターVer.0を「試用版」「評価版」などという形で特定ユーザーにリリースし，細かなバグの修正等がなされます。そして，最終的に使用に耐えることになった段階で製品マスターが完成（§5-1のたい焼きの型）し，それをコピーしたソフトウェア製品（たい焼き）が市場にリリースされます。

ここまで述べた制作過程は，あくまで一例にすぎません。特に，製品マスターVer.0の完成時点は重要ですので，§5-5以降で述べる要件に従って，実質的に判断する必要があります。

市場販売目的ソフトウェアができるまで～実装から完成～

■家計簿ソフトウェアができるまで

④実装（プログラミング）：設計図（仕様書）に基づき,プログラミング

⑤テスト：定義した機能が実現できているかをテスト

単体テスト：個々のプログラムのテスト

結合テスト：インターフェースなど複数のプログラムを組み合わせたテスト

システムテスト：全体として要件にあった機能を実現できているかのテスト

⑥製品マスター完成：評価，試用を通じての改善を経て完成。このコピーをリリース

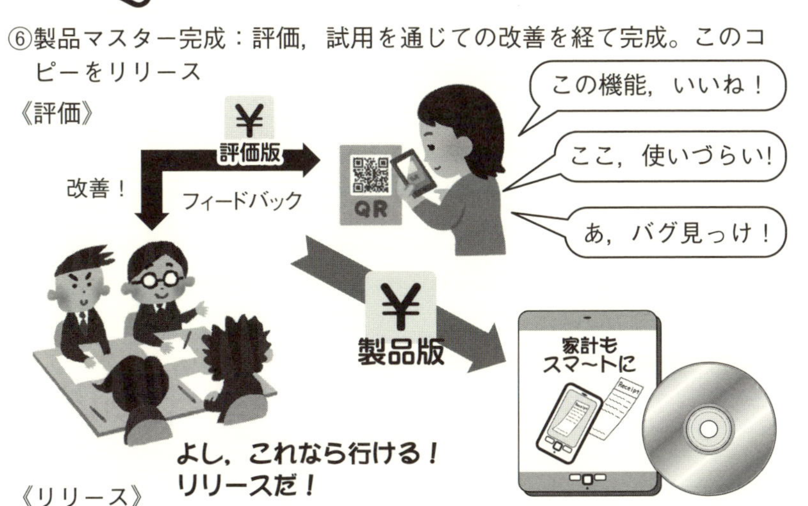

5－4 ソフトウェアの全制作費用が資産計上されるわけではない！

開発段階の費用は研究開発費となる

資産とは何でしょうか？　資産とは，簡単にいえば，それが回収されたり，それを用いたりして「将来お金を獲得できる」ものです。たとえば，受取手形は回収してお金に変わりますし，工場の機械装置はそれを用いて製品を生産し，製品が販売されてお金に変わります。これがいわゆる**資産性**です。原則，資産性があるものだけが貸借対照表に載ることが許されます。

この資産性について，ソフトウェアで考えてみましょう。市場販売目的のソフトウェア（製品マスター）を資産に計上するには，これを用いて「将来お金を獲得できる」といえる場合ということになります。つまり，ソフトウェアの制作が進み,「製品化の目途がついた（販売できる)」という段階に至れば，そこから先の費用は資産計上が認められます。逆に，それ以前の費用は，その投資が実るのかわかりませんので，研究開発段階の費用（研究開発費）として発生時に費用処理します。

では，ソフトウェアの制作過程の中でどの時点から資産計上できるのでしょうか。「将来お金を獲得できる」つまり，**研究開発の終了時点**はどこなのでしょうか。そちらについては§5-5以降で説明します。

ソフトウェアの制作費用のすべては資産とならない！

■資産性とは➡将来お金を獲得できる性質があるもの

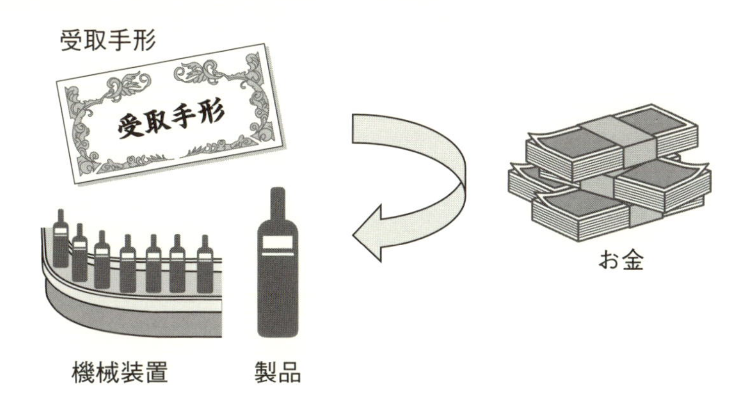

■ソフトウェア制作費用の資産性

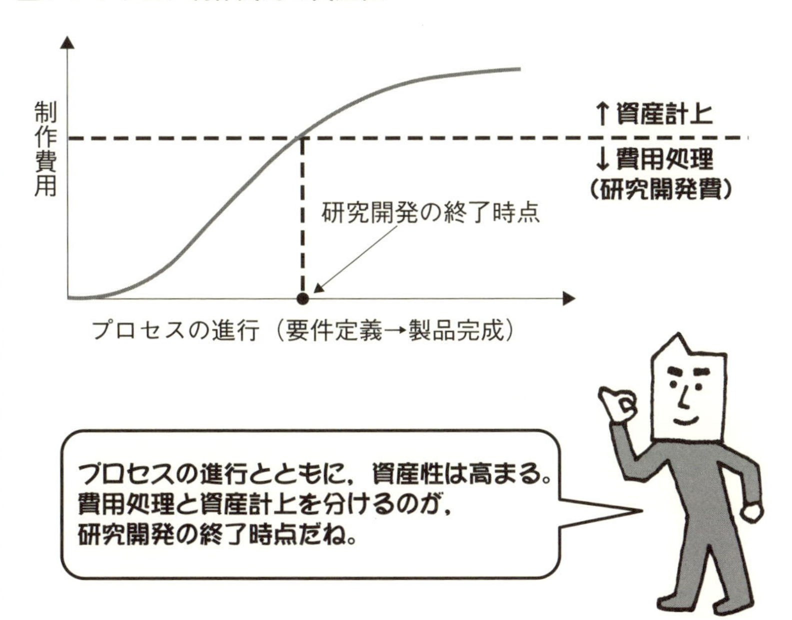

5－5 研究開発が終わるとき①

最初に製品化された製品マスターができたとき

研究開発の終了時点について，「研究開発費及びソフトウェアの会計処理に関する実務指針」では２つの要件が示されています。

要件の１つ目は，**製品マスターVer.0（§５-３）が完成すること**です。主要なバグを取り終え，技術的な問題点が解消された製品マスターVer.0が完成したときに，**研究開発の終了時点**に達したといえます。この**製品マスターVer.0**を評価することで，技術的なリスクが解消していることを確かめるとともに，最終的な市場販売の時期・価格等に関する意思決定を行うことができます。

製品マスターVer.0の制作にはある程度の開発工数がかかることから，画面遷移，仕様書などを示して，制作まではしないプロジェクトもあります。その場合も，**研究開発の終了時点**には重要な機能の完成と重要な不具合の解消が求められます。

Check!　製品マスターVer.0の完成は工業製品で考えるとどんな段階？

製品マスターVer.0の完成とは，工業製品では，「製品の設計が完了した時点」とされています。工業製品の場合はここから多額の原材料費・労務費・経費が発生しますが，ソフトウェアの生産は製品マスターの複写によるので，通常ここから多額の費用は発生しません。つまり，ソフトウェアは工業製品と比較して，製品制作の総費用に対して，研究開発費の割合が相対的に大きいのが特徴です。

■製品マスターVer.0　～新しい今川焼・たい焼き誕生でイメージ～

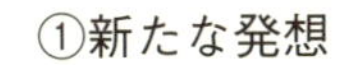

②主要なバグ取り

③Ver.0の完成

【①新たな発想】そうだ，今川焼をたい型にしよう！
↓
【②主要なバグ取り】これじゃ，「たい」に見えない
↓
【③Ver.0の完成】ちゃんと，「たい」に見えるね！

■製品マスターVer.0　～工業製品との違い～

ソフトウェアは工業製品と比べ，
一般に研究開発費の割合が多い。

研究開発費
ソフトウェア
製造原価

工業製品

設計図の完成　＝研究開発終了

企画	基本設計 試作品制作	量産化 （設備投資など）	製造・販売

ソフトウェア

Ver.0の完成　＝研究開発終了

企画・ 要件定義	設計	プログラミング	テスト	製品 マスター 完成	コピー・ 販売

時間・コスト

5－6 研究開発が終わるとき②

販売の意思が明らかにされたとき

要件の２つ目は，**製品マスターについて販売の意思が明らかにされること**，つまり，製品マスターから生産されるソフトウェア製品を市場で販売するという意思決定がなされることが必要となります。たとえば，製品番号を付したり，カタログに掲載したりといった方法で，市場に販売する意思が明確になった時点などが典型的な例としてあげられます。

リリースの時期や価格等の詳細な決定はこれからだとしても，少なくともこのソフトウェア製品のリリースに決定権限がある機関や会議体において，販売の意思が明らかにされていることが必要になると考えられます。

研究開発の終了時点の判断によって，費用処理するか資産計上するか会計処理が変わってきます。会社によっては，業績にも大きな影響を与える可能性がありますので，慎重な判断が必要ですね。

Check!　最初に製品化された製品マスターのいろいろ

最初に製品化された製品マスターは，企業により呼称が異なります。完成品のVer.1に対して，この時点をVer.0と呼ぶ企業もありますし，別の採番をする企業もあります。また，β版やRC(Release Candidate)版などと呼ぶ企業もあります。採番方法，呼称はいろいろありますが，研究開発の終了時点にあたるこの段階では，製品完成のための技術的なリスクが解消されているかどうかを実質的に判断することが重要です。

研究開発の終わり②：販売の意思決定

■販売の意思決定

ソフトウェアのリリースに決定権をもつ会議体等（取締役会，常務会，営業会議等）で販売の意思が明らかにされることが必要。

取締役会議事録

製品番号	製品名
仕掛中	（仮）スマホ家計簿ソフトウェア

製品番号	製品名
KS-00xx	家計もスマートに

製品番号付与

カタログ作成

販売する意思が明らかになった時点としては，
「製品番号付与」
「カタログへの掲載」など
他にも色々考えられるね。

5－7 研究開発費の会計処理

研究材料費も人件費も経費も含まれる

研究開発の終了時以前の費用は，投資が実るか否かわからないので，資産計上できず，研究開発費として一括費用計上されます（§5-4）。

さて，この研究開発費には，**研究開発のために使われたすべての原価**（材料費，人件費，経費）が含まれます。ここで研究開発目的で固定資産（たとえば，研究開発専用のスーパーコンピュータなど）を用いた場合の費用負担が問題になります。

固定資産は，通常，減価償却を通じて長期にわたり費用化します。研究開発用の固定資産であっても，長年様々な研究に使用し，会社に貢献するのであれば例外ではありません。しかし，非常に特殊でその研究開発にのみ使用され，他の目的（研究・製造）には使えない固定資産であれば，それは研究開発終了後の年度で負担すべきものではありません。そのような固定資産であれば，資産計上せず，一括費用化することとなります。

Check!　形態別分類と機能別分類

形態別分類とは，財務会計の費用の発生を基礎とした分類で，原材料費（材料費），賃金（労務費），賃貸料（経費）など原価発生の形態による分類です。機能別分類は，原価が経営上のいかなる機能のために発生したかによる分類で，目的別の分類です。

研究開発費は，機能別分類の一例で，研究開発という目的に使われたすべての原価（材料費，人件費，経費）が集計されます。

研究開発費の会計処理

■研究開発費は資産計上可能？

■研究開発目的の固定資産の取扱い

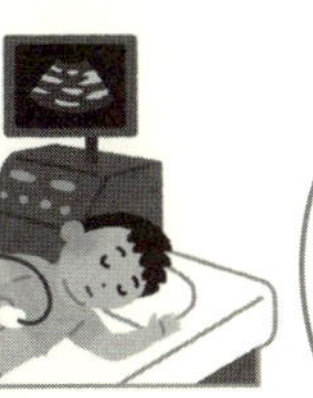

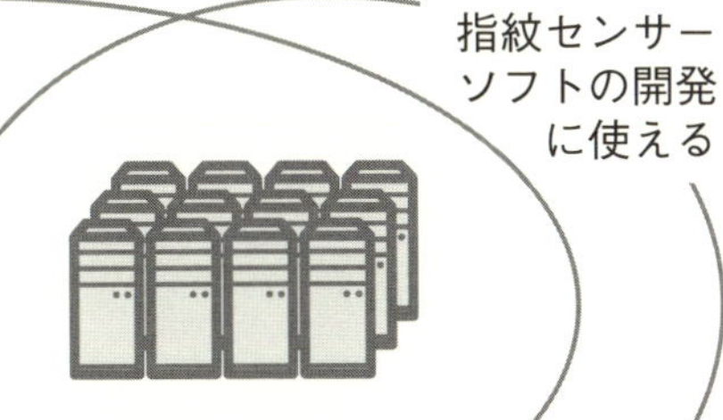

	既存の超音波診断装置 （超音波診断ソフトの開発にしか使えない）	スーパーコンピュータ （汎用性があり様々な研究開発に使える）
計上時	研究開発費　500 ／ 現金預金　500 （取得価格）	有形固定資産　500 ／ 現金預金　500
期末	仕訳なし	研究開発費　100 ／ 減価償却　100 （減価償却費）　　　累計費

5－8 ソフトウェア制作費の会計処理

集計される費用，されない費用

次に，**研究開発の終了時点**より後のソフトウェア制作費について考えてみましょう。費用の内容により，その会計処理が異なります。

種類	内容	会計処理
機能の改良および強化に要した費用	ソフトウェアの機能の追加または操作性向上のための費用	資産計上（製品マスターの取得原価に算入）
機能の**著しい改良**に要した費用	機能の改良・強化を行うために主要なプログラムの過半部分を再作成する場合など	研究開発費
機能維持に要した費用	バグ取りなど修繕・維持・保全のための費用	発生時の費用（修繕・維持費等）

基本となる設計を大きく変更することなく，価値を高める費用は，**機能の改良および強化に要した費用**として制作途中のものは「ソフトウェア仮勘定」，完成品は「ソフトウェア」などの勘定科目で資産計上（製品マスターの取得原価に算入）します。

一方，設計を根本からやり直すなど，従来の製品マスターとは別個の新しい製品マスターを制作する場合と同様の技術的な困難性を伴うものについては，**機能の著しい改良に要した費用**として，研究開発費に計上されます。

ソフトウェア制作費の会計処理

■その費用，ソフトウェアに集計できますか？

【機能維持（バグ取り）】

修繕費，維持費

噛み合わせが緩んで，たい焼きがつながってしまった。
型を修理しなきゃ！

（借）修繕費	50	（貸）現金預金	50

【著しい改良】

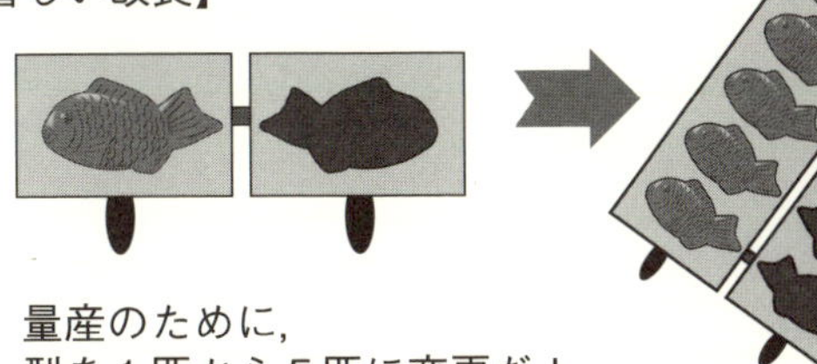

研究開発費

量産のために，
型を1匹から5匹に変更だ！

（借）研究開発費	300	（貸）現金預金	300

【機能改良・強化】

資産計上
（製品マスターの取得原価）

厚さ倍増で，あんこ増量！

（借）ソフトウェア	100	（貸）現金預金	100

5-9 バージョンアップ費用の会計処理

著しい改良か否かで処理が変わる

§5-8の考え方をあてはめる具体例として，ソフトウェアでは欠かすことができないバージョンアップについて考えてみましょう。

製品の大部分を作り直す大幅なバージョンアップの場合，たとえば，既存のソフトウェアの設計を根本的に変えるようなケースは，新しい製品マスターを制作する場合と同様と考えられます。そこで，最初に製品化された新バージョンの製品マスターの完成時点までの費用を**機能の著しい改良に要した費用**として研究開発費で処理します。

既存の製品に機能を追加する程度の大幅ではないバージョンアップの場合，たとえば，帳票の追加，画面の追加など，ソフトウェアの基本となる設計は変えない仕様の改良・追加は，ソフトウェア（製品マスター）の価値を高める**機能の改良および強化に要した費用**であり，「ソフトウェア」として資産計上（製品マスターの取得原価に算入）します。

バージョンアップといっても，実質は既存の不具合の解消，つまりバグ取りのケースもあります。その場合は**機能維持に要した費用**として修繕費などで処理します。

このように，一概にバージョンアップといっても，研究開発費，ソフトウェア，修繕費とその内容により処理が変わるので，実質的な内容をよく理解することが重要です。

バージョンアップ費用の会計処理

■何の目的のバージョンアップ？

バージョンアップの目的		判断
AIを組み込むために，	▶	著しい改良

（借）研究開発費	300	（貸）現金預金	300

バージョンアップの目的		判断
エクスポート機能追加 ボタン追加で操作性Up 処理速度向上 新規帳票の追加	▶	機能改良・強化

（借）ソフトウェア	100	（貸）現金預金	100

バージョンアップの目的		判断
画面不具合修正 帳票不具合修正	▶	機能維持

（借）修繕費	30	（貸）現金預金	30

一概にバージョンアップと言っても，
その中身は様々。
1つのバージョンアップに
複数の内容を含んでいる場合もある。
区分して，把握する必要があるね。

5－10 製品としてのソフトウェアの制作原価の範囲

ソフトウェア製品＝たい焼き？ 保存媒体＝紙袋？

製品としてのソフトウェアの制作原価とは，完成した製品マスターをコピーしてソフトウェア製品を制作する過程で生じる費用です。たい焼き屋さんでイメージすれば，原料の小麦粉の購入費用，従業員の人件費，たい焼きを入れる紙袋などが制作原価です。

パッケージのソフトウェア製品であれば，以下のようなものが制作原価として考えられます。

- 記憶媒体の購入費用（CD，DVD，USBメモリなど）
- 製品マスターから記憶媒体へのコピー作業の人件費
- 製品マスターのコピー用機器の減価償却費
- パッケージデザインの外注費
- マニュアル作成の人件費
- パッケージ作業の人件費

また，ダウンロードのソフトウェア製品であれば，パッケージ関連の費用に代わり，

- 製品マスターをダウンロード用サーバーへコピーする作業の人件費

などが考えられます。

ここまで，市場販売目的ソフトウェアについて説明してきましたが，無形資産ということで理解することが難しいものもあります。「製品のマスター＝たい焼きの型」など皆さんのご存知のものでイメージしてみると理解が深まるかもしれません。

製品としてのソフトウェアの制作原価の範囲

■完成したソフトウェアを販売するためのコスト

【パッケージ製品】

製品マスター

製品マスターのコピー作業

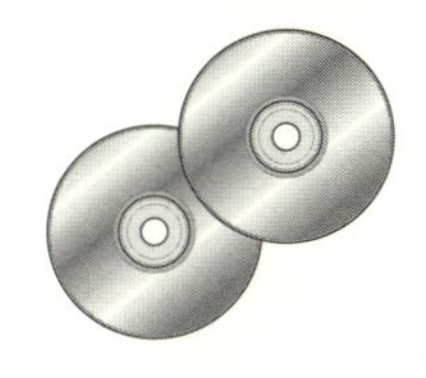

記憶媒体

【費用】

・記憶媒体の購入費用
・製品マスターから記憶媒体への
　コピー作業の人件費
・コピー用機器の減価償却費
・パッケージデザインの外注費
・マニュアル作成の人件費
・パッケージ作業の人件費　など

パッケージ作業

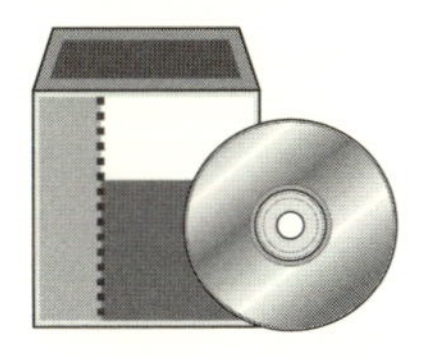

パッケージ製品

【ダウンロード製品】

製品マスター

**製品マスターの
コピー作業**

【費用】

・製品マスターからコピー
　作業の人件費
・マニュアル作成の人件費
・コピー用機器の減価償却費
　など

販売形態によって，
製品の制作原価は
大きく変わってくるね。
ただ，工業製品よりは
コストはかからないね。

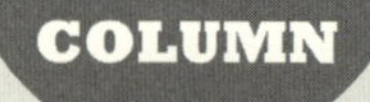

IT業界の中央集権と地方分権

IT業界では，中央集権的な処理方法（ホスト，サーバーなど高性能のコンピュータ側で「まとめて処理」）と地方分権的な処理方法（パソコンなどのクライアント側にも「分担して処理」）の時代が繰り返し訪れています。

コンピュータが大変高価だった初期の頃にはホストと呼ばれる高性能コンピュータによって，「まとめて処理」を行う中央集権的な処理が唯一の選択肢でした。その後パソコンが普及し，高性能コンピュータとパソコンとがネットワークでつながれたことで，両者で「分担して処理」する地方分権的な処理へと移行しました。

そして，現在はクラウドが流行しています。クラウドは，複数のコンピュータで構成された仮想的な高性能コンピュータによって，「まとめて処理」を行う仕組みであり，再び中央集権的な処理の時代がきているわけです。

今後は，IoT（§8-6）が伸びると言われています。IoTが進むとあらゆるものがネットワークにつながりますので，ネットワークを通るデータ量およびクラウドで処理するデータ量が膨大になることが想定されています。このような中，クラウドでの中央集権的な処理だけとするよりも，データの発生源に近い場所にも「分担して処理」すべきではないかという考え，つまり地方分権的な考えが再び生まれてきています。

IT技術の発展とともに，中央集権と地方分権の時代が繰り返し訪れているのがとても面白いですね。

§6

ユーザーの会計処理

ソフトウェアを使うことで，様々なことが楽にできる時代になりました。ここではそんなソフトウェアを使う側の会計処理について確認していきます。

6－1 自社利用のソフトウェアとは

サービス提供用と社内業務処理用の２つある

自社利用のソフトウェアとは，その名の通り会社自らが利用するためのソフトウェアをいいます。自社利用のソフトウェアは一般的には，①**サービス提供用ソフトウェア**と②**社内業務処理用ソフトウェア**に区分されます。

①　サービス提供用ソフトウェア

サービス提供用ソフトウェアとは，顧客にサービスを提供するためのソフトウェアをいいます。サービス提供用ソフトウェアの例としては，ASPサービス（アプリケーションソフトをインターネットを通じて顧客にレンタルするサービス）を提供するために構築したソフトウェアがあります。他には，情報処理サービスに利用するソフトウェアや情報通信サービスを行うための通信ソフトウェアもあります。

②　社内業務処理用ソフトウェア

社内業務処理用ソフトウェアとは，社内業務に役立てるためのソフトウェアをいいます。社内業務処理用ソフトウェアの例としては，販売管理や購買管理等に用いる基幹システムや，経理財務業務に用いられる財務システム，給与計算ソフトウェアなどがあります。

自社利用のソフトウェアとは

■自社利用のソフトウェア：会社自らが利用するためのソフトウェア

①サービス提供用ソフトウェア

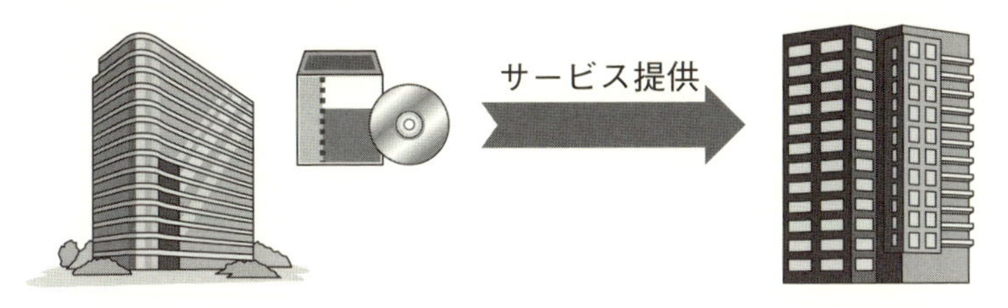

例：ASPサービス提供用ソフトウェア
　　情報処理サービスに利用するソフトウェア
　　情報通信サービスを行うための通信ソフトウェア

②社内業務処理用ソフトウェア

例：基幹システム
　　財務管理システム
　　給与計算ソフトウェア

6－2 資産計上できないものがある!?

他の固定資産との大きな違い

有形固定資産は一般に取得のための金額を全て資産計上しますが，自社利用のソフトウェアについては，資産計上するのに一定の条件が必要となります。これは，ソフトウェアが無形であり，ものを直接確認することができず，また作成に膨大な人件費がかかることから，全てを資産として計上するだけの価値があるかどうかが明確ではないためです。

自社利用のソフトウェアが資産計上できるのは，そのソフトウェアの利用により**将来の収益獲得または費用削減が確実であることが認められる**という要件が満たされるときに限られます。**将来の収益獲得または費用削減が確実と認められる**場合は無形固定資産として資産計上し，確実であると認められない場合または確実であるかどうか不明な場合には，費用処理をします。

ここで，「将来の収益獲得が確実と認められる」とは，そのソフトウェアを用いて外部への業務処理等のサービスを実施する契約が締結されているように，将来のことではあるが，売上を確実に伸ばすことができると見込める場合をいいます。また，「将来の費用削減が確実と認められる」とは，そのソフトウェアを用いることで，業務効率が改善し，将来のコストカットが確実に見込める場合をいいます。資産計上できる場合について，§6-3，§6-4で具体的に見ていきます。

資産計上できないものがある!?

■資産計上か費用処理か

固定資産を取得した。
資産計上できるか？

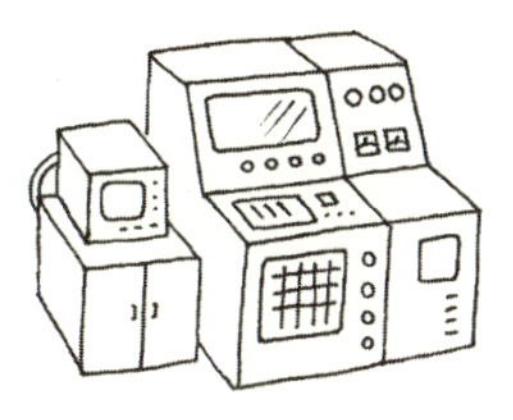

一般的に →

資産計上できる

（借）機械及び装置 100
（貸）現金預金 100

自社利用のソフトウェアを取得した。
資産計上できるか？

将来の収益獲得または費用削減が確実と認められる場合 →

資産計上できる

（借）ソフトウェア 100
（貸）現金預金 100

上記以外の場合 →

資産計上できず，費用処理

（借）開発費 100
（貸）現金預金 100

6－3 資産計上ができる場合とは①

３つの具体例がある

自社利用のソフトウェアを資産計上できる３つの具体例を紹介します。

	例１	**例２**	**例３**
	ソフトウェアの利用でサービスを提供し，収入を得る場合	**独自仕様のソフトウェアで業務が効果的に行える場合**	**市販のソフトウェアを購入し，業務が効果的に行える場合**
サービス提供用か社内業務利用か	サービス提供用ソフトウェア	社内業務処理用ソフトウェア	社内業務処理用ソフトウェア
独自仕様かパッケージソフトか	独自仕様	独自仕様	市場で買ってきた標準仕様
計上の条件	契約に基づいて情報等の提供を行い，受益者からその対価を得ている場合	当該ソフトウェアを利用する前と比較して会社（ソフトウェアの利用者）の業務を効率的にまたは効果的に遂行することができると明確に認められる場合	予定した用途に継続的に利用すればよい
資産計上のハードル	高い	高い	低い

独自仕様の場合は資産計上のハードルが高く，市場で買ってきた標準仕様の場合は低くなってます。この理由については§6-4で解説します。

資産計上ができる場合とは①

■資産計上ができる３つのパターン

①ソフトウェアの利用でサービスを提供し，収入を得る場合

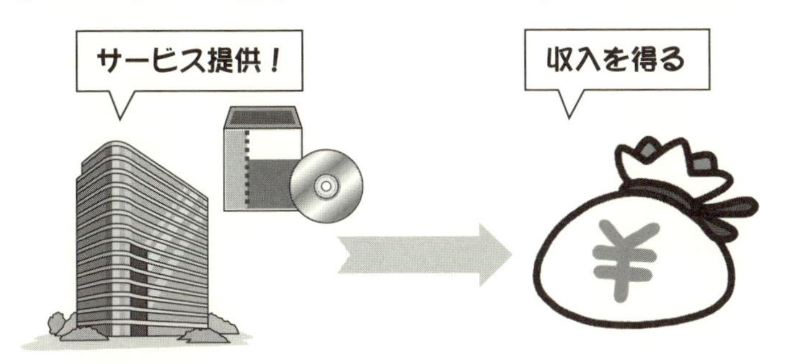

②独自仕様のソフトウェアで業務が効果的に行える場合

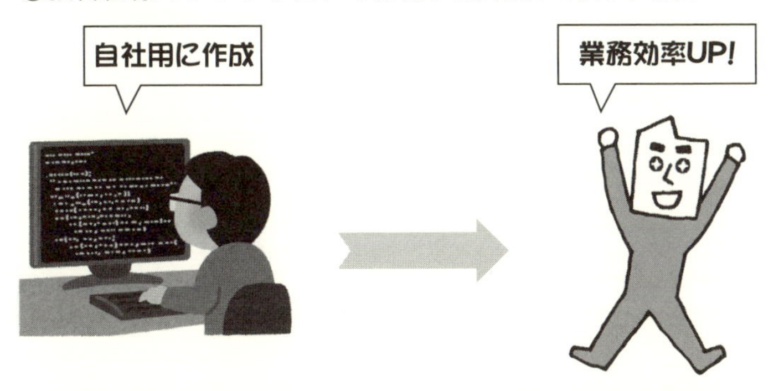

③市販のソフトウェアを購入し，業務が効果的に行える場合

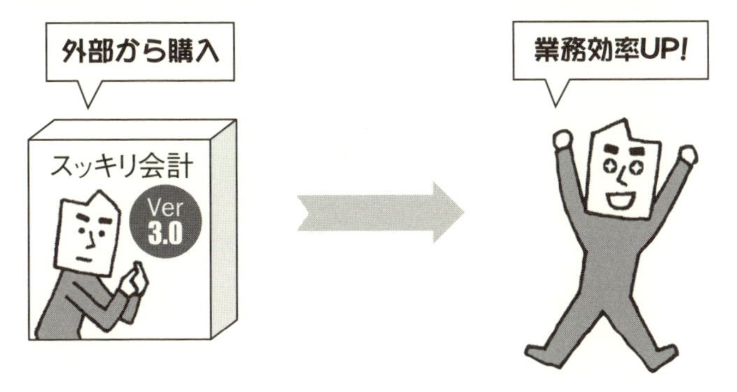

6－4 資産計上ができる場合とは②

独自仕様は，パッケージソフトよりハードルが高い!?

自社利用のソフトウェアは，**パッケージソフト**と**独自仕様**の２種類があります。**パッケージソフト**とは，市場で販売されている大量生産されたソフトウェアのことで，汎用性があり，様々なユーザーが利用します。一方，**独自仕様**とは，ソフトウェアを自社の業務に合わせるために，自社で制作または委託により作成したものをいいます。

パッケージソフトはユーザーにとって機能と価格が既知であり，価格の妥当性を判断した上で購入することから，将来の収益獲得または費用削減が確実であるという要件を満たしやすいといえます。一方，独自仕様の場合は，制作に必要以上に人件費や外注費がかかってしまう場合や，開発に失敗する場合もあるため，将来の収益獲得または費用削減が確実であるという要件を満たすのはパッケージソフトに比べ難しいといえます。

このように，独自仕様の自社利用ソフトウェアについては，ソフトウェアを利用している実態を十分に把握して，資産計上の要件を満たしているかどうかについて慎重に検討する必要があります。

Check!　パッケージソフトのイメージ

パッケージソフトは，家電量販店のPC周辺機器売り場に置いてあるソフトウェアをイメージすると分かりやすいです。ゲームソフトもパッケージソフトです。

資産計上ができる場合とは②

■資産計上するためには，将来の収益獲得または費用削減が確実である必要がある（§6-2）。

パッケージソフトの場合

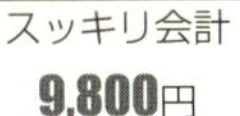

機能と価格が既知であり，将来の収益獲得または費用削減が確実であると認められやすい

独自仕様の場合

契約書

システム一式

請負金額

金100,000,000

甲 印

乙 印

制作がうまくいかないこともあるから将来の収益獲得または費用削減が確実であると認められない可能性もある

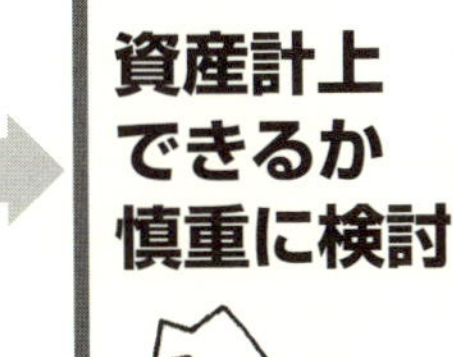

6－5 導入費用の取扱い①

設定に係る費用は付随費用にできる？

完成品のソフトウェアを外部から購入し，社内で利用する場合には，買ったまま使うことができるものがあります。マイクロソフト社のWord®やExcel®のようなソフトウェアは，そのまま使うことができるソフトウェアの代表例です。

一方で，ソフトウェアを買ったままでは使うことができず，**追加の設定作業**が必要となる場合があります。たとえば，ソフトウェアを自社の使用目的に合わせて設定をする作業や，財務会計ソフトを導入するときに科目マスターの設定を行う場合などです。このような設定作業を外注すると，本体価額のほかに追加の費用が必要となります。この追加の費用は**ソフトウェアの取得価額に含める**こととされています。

外部から購入したパッケージソフトに対しての設定作業または自社の仕様に合わせるための付随的な修正作業等の費用は，購入したソフトウェアを使用するために不可欠な費用であるため，有形固定資産の取得に要する付随費用と同様に取得価額に含めて処理します。

ただし，これらの費用について重要性が乏しい場合には，費用処理することができます。

導入費用の取扱い①

■設定等の付随費用はソフトウェア本体に含め資産計上する

ソフトウェア本体

設定費用

1,000千円

200千円

ソフトウェア本体1,000千円と
設定費用200千円の
合計1,200千円を資産計上する

（借）ソフトウェア	1,200千円	（貸）現金預金	1,200千円

6－6 導入費用の取扱い②

大幅変更の場合

自社で過去に制作したソフトウェアまたは市場で販売されているパッケージソフトの仕様を大幅に変更して，自社のニーズに合わせた新しいソフトウェアを制作する場合があります。各社の事業内容やおかれている環境は様々であるため，ソフトウェアをより自社にあったものにすることが目的です。

このような**大幅変更**の費用は，それによる将来の収益獲得または費用削減が確実であると認められる場合を除き，研究開発目的の費用と考えられるため，購入ソフトウェアの価額も変更費用も**費用処理**します。一方で，§6-2で見た新規のソフトウェアと同様に，将来の収益獲得または費用削減が確実であると認められる場合には，購入ソフトウェアの価額と変更費用を合算して無形固定資産として**資産計上**します。

Check!　その他の導入費用

下記の導入費用については，費用として会計処理します。

⑴　データをコンバートするための費用

新しいシステムでデータを利用するために旧システムのデータをコンバートするための費用については，発生した事業年度の費用とする。

⑵　トレーニングのための費用

ソフトウェアの操作をトレーニングするための費用は，発生した事業年度の費用とする。

導入費用の取扱い②

■大幅変更をした時の場合

購入ソフトウェア

価額：1,000千円

変更費用：500千円

将来の収益獲得または費用削減が確実か

YES	NO
購入ソフトウェアの価額と変更費用を合算して，無形固定資産に資産計上	**購入ソフトウェアの価額も，変更費用も費用処理**
(借) ソフトウェア1,500千円 (貸) 現金預金1,500千円	(借) 開発費1,500千円 (貸) 現金預金1,500千円

6－7 機器込みソフトウェアの取扱い

有形固定資産と一体不可分の場合は？

機器込みソフトウェアとは機械装置等に組み込まれているソフトウェアのことをいいます。たとえば，カーナビに組み込まれている地図ソフト，工作機械に組み込まれている工作ソフトなどが挙げられます。このようなソフトウェアについては，組み込まれている**機械装置等に含めて**処理します。これらのソフトウェアがなければ，機械装置を動かすことができず，また経済的耐用年数も両者に相互関連性が高いため，このような会計処理を行います。

つまり，ソフトウェアの取得価額を，組み込まれている機械装置等の取得原価に算入し，「機械及び装置」等の科目を用いて有形固定資産として処理することとなります。ほかのソフトウェアが無形固定資産として計上されるのとは対照的ですね。

ただし，以下のような場合には例外として，有形固定資産と無形固定資産を区分して処理することを検討します。

① パソコンのように，ソフトウェア対応に互換性がある場合
② ソフトウェアの交換（バージョンアップ）が予定されている場合で，バージョンアップによる機能向上が革新的であるような場合
③ 機械等の購入時にソフトウェア交換が契約により予定され，新・旧ソフトウェアの購入価格が明確な場合

機器込みソフトウェアの取扱い

■機器込みソフトウェア：機械装置等に組み込まれているソフトウェア

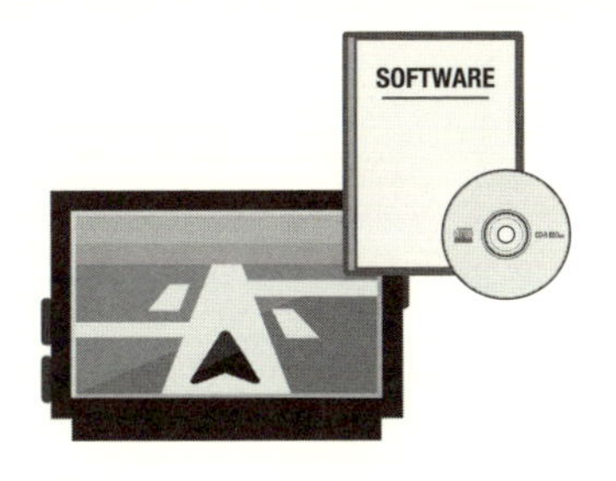

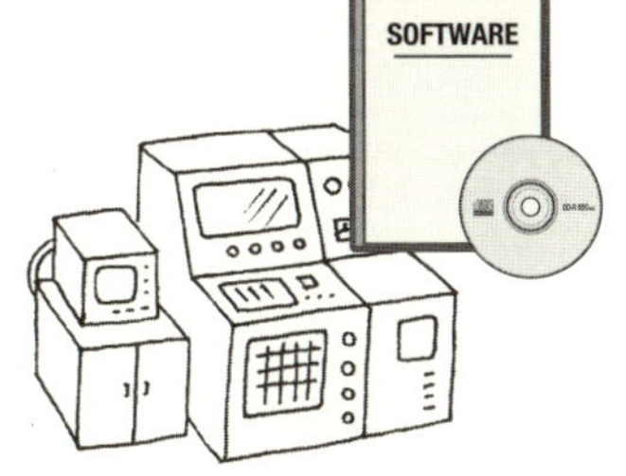

例①：カーナビに組み込まれている地図ソフト

例②：工作機械に組み込まれている工作ソフト

機器込みソフトウェアがなければ，機械装置が動かない。経済的耐用年数も両者に相互関連性が高い。

機器込みソフトウェアは，原則として機械装置等本体に含めて，有形固定資産として処理する。

例②の仕訳例

（借）機械及び装置	10,000千円	（貸）現金預金	10,000千円

「ソフト」と「ハード」

ソフトは，ソフトクリーム，ソフトボール，ソフトコンタクトレンズといった言葉からもわかるように，柔らかいという意味ですね。

ソフトの対義語がハードです。ハードコンタクトレンズ，ハードワークやハードモードといった言葉からわかるように，硬い，難しいという意味ですね。

また，ソフトウェアを略してソフト，ハードウェアを略してハードともいいます。

ハードウェアはパソコンのモニタ，キーボードやスマートフォンのように，形があり実際に触ることができる装置のことをいいます。

ソフトウェアはハードウェア上で実行されるプログラムのことです。

ハードウェアは物理的に形があることから，硬いという意味に合致しますね。

ソフトウェアもプログラミングによって改変することが容易であることから，柔らかいという意味に合致しますね。

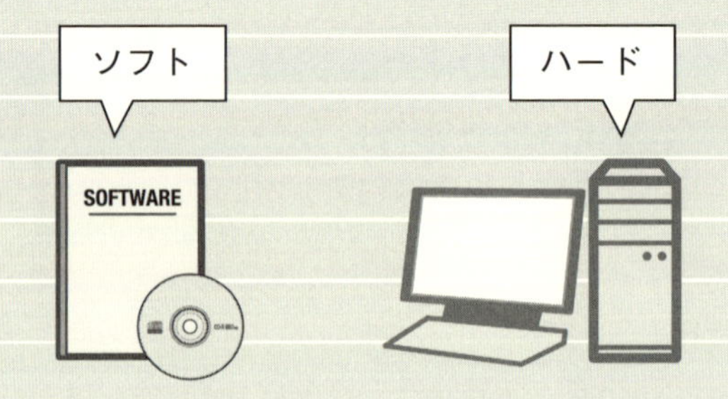

§7

ソフトウェアの減価償却と減損

ソフトウェアの減価償却はどのような考え方に基づき実施していくのでしょうか？　減損に関しては，固定資産の減損に係る会計基準を適用して実施すればよいのでしょうか？　じつはソフトウェアと利用目的により，対応が異なります。

この§ではソフトウェアの減価償却と減損について，なぜそのような処理をするのかを交えて説明します。

7－1 市場販売目的のソフトウェアの償却

収益との対応関係が明確である

減価償却とは，固定資産の取得価額を使用可能期間にわたって費用として配分するための会計技術です。固定資産はその使用が長期にわたるため，取得価額を一時の費用とするのではなく，使用可能期間に配分するのが合理的です。費用の配分はあらかじめ定めた適切な方法による必要があります。

ソフトウェアの場合，その使用と収益の獲得との対応関係が明確な場合には，収益に個別に対応させて費用を配分します。一方，その対応関係が明確でない場合には，使用期間に応じて費用を配分させます。

市場販売目的のソフトウェア（パッケージソフトの製品マスター等，§3-1参照）は，使用で劣化しませんが，パッケージソフトの**販売数量が有限**であることから寿命があります（§1-5）。このため減価償却が必要となります。

販売数量が有限であることを理由に減価償却するのですから，販売数量等，収益に対応した減価償却方法が，市場販売目的のソフトウェアの性格に合っています。このため**市場販売目的のソフトウェアでは，見込販売数量，または見込販売収益に基づく償却方法が合理的**とされています。

市場販売目的のソフトウェアの償却の考え方

以下の市場販売目的のソフトウェアの初年度の減価償却費はいくらか。

＜前提条件＞見込販売数量をもとに減価償却を実施。

① 取得原価100,000千円。初年度の期首に取得。

② 販売開始時の販売見込み：初年度25千個，２年度13千個，３年度12千個（計50千個）

③ 初年度の実績販売数：24千個販売

④ 販売単価は販売期間を通じて５千円だった。

＜考え方と回答＞

$$\text{初年度の減価償却額} = \text{取得原価 } 100{,}000\text{千円} \times \frac{\text{実績販売数量 } 24\text{千個}}{\text{見込販売数量 } 50\text{千個}} = \underline{48{,}000\text{千円}}$$

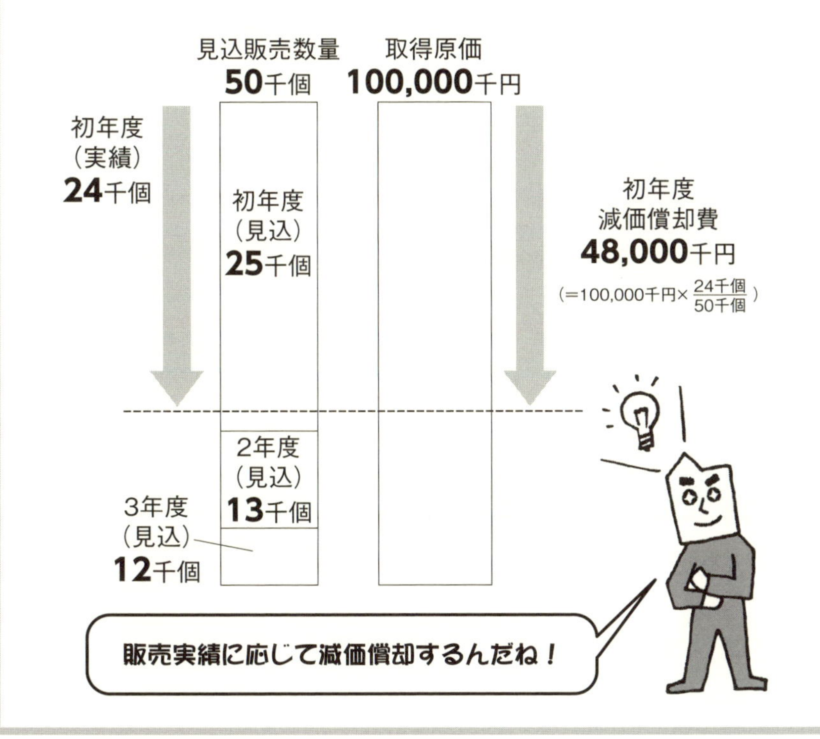

7－2 残存有効期間

残存有効期間内での減価償却が必要

市場販売目的のソフトウェアは，販売可能と見積った期間にわたり減価償却しますが，販売当初における販売可能な有効期間の見積りは，原則，３年以内とされます。仮に５年にわたり販売可能と見込んでいても，耐用年数を３年超とするには，合理的な根拠が必要です。これは，ソフトウェアが経済環境や技術革新のような外的要因で陳腐化しやすいためです。

各期の減価償却費は，見込販売数量に対する販売実績の割合に応じた取得原価の負担額によりますが（§７-１），**残存有効期間**に由来する数値により**下限が設定**されます。

減価償却費は，下記のａ，ｂの**いずれか大きな値**
　ａ．見込販売数量（または収益）に基づく減価償却額
　ｂ．残存有効期間に基づく均等償却額

ソフトウェアの見込販売数量（または収益）を販売開始時点で正確に見積ることは困難です。このため，このような下限を設定し，償却期間の長期化を防止したのです。

Key Word　残存有効期間とは

残存有効期間とは，市場販売目的のソフトウェアについて一定時点において将来に向かって残されている販売可能な有効期間を示しているものと考えられています。

見込販売数量に基づく償却額と均等償却額

＜前提条件＞＊見込販売数量をもとに減価償却を実施
前提条件①～④は§7-1と同じ
⑤　販売実績は，初年度24千個，2年度12千個，3年度8千個の計44千個であった。
⑥　見込販売数量は販売期間を通じ，変えなかった。

＜考え方と回答＞
＜初年度＞

見込販売数量に基づく償却額：$100{,}000\text{千円}\times\dfrac{24\text{千個}}{50\text{千個}}=\mathbf{48{,}000\text{千円}}$

残存有効期間に基づく均等償却額：$100{,}000\text{千円}\times\dfrac{1}{3}=\mathbf{33{,}333\text{千円}}$

大きい方の48,000千円を償却費として計上する。

＜2年度＞

見込販売数量に基づく償却額：$(100{,}000\text{千円}-48{,}000\text{千円})\times\dfrac{12\text{千個}}{(13+12)\text{千個}}=\mathbf{24{,}960\text{千円}}$

残存有効期間に基づく均等償却額：$(100{,}000\text{千円}-48{,}000\text{千円})\times\dfrac{1}{2}=\mathbf{26{,}000\text{千円}}$

大きい方の26,000千円を償却費として計上する。
※2年度の分母は，期首の見込販売数量を用いる。

＜3年度＞
100,000千円－48,000千円－26,000千円＝26,000千円
残った26,000千円を償却費として計上する。

いずれか大きい金額で償却するんだ！

7－3 見込販売数量（収益）の見直し

状況に応じて見積りの見直しを！

市場販売目的のソフトウェアの見込販売数量または収益は，ソフトウェア販売開始時に見積った通りにはいかないことがあります。たとえば，競合製品の不具合が生じれば，見込みよりも上振れしたり，そのソフトウェアに代わる革新的な新製品が販売されれば見込みよりも下振れしたりします。このように，新たに入手可能となった情報に基づいて，見込販売数量または収益は変動していくため，適宜見直しを行っていく必要があると考えられます。

減価償却を行うにあたっては，まず見込販売数量または収益を見直すべきかどうかの検討を毎期行います。その結果，見直しが必要であると判断した場合には，その後は見直し後の新たな見込みに基づき減価償却を行っていくこととなります。

Check!　会計上の見積りの変更

新たに入手可能となった情報に基づいて，過去に財務諸表を作成する際に行った会計上の見積りを変更することを，会計上の見積りの変更といいます。新たに入手可能となった情報に基づき，市場販売目的のソフトウェアの見込販売数量または収益の見積りを変更することも，会計上の見積りの変更に該当します。その影響が重要である場合には，変更の内容および当期への影響額等を注記する必要がある点に注意が必要です。

見込販売数量の見直し

＜前提条件＞＊見込販売数量をもとに減価償却を実施
前提条件①～④は§7-1と同じ
⑤　初年度末に競合他社の製品発売により，見込販売数量を２年度10千個，３年度５千個に見直した
⑥　販売実績は，初年度24千個，２年度９千個，３年度１千個であった

初年度末に当初予期していなかった事態が発生！

	初年度	２年度	３年度	合計
当初見込販売数量（千個）	25	13	12	50
見直し後見込販売数量（千個）	24	10	5	39
実績販売数量（千個）	24	9	1	34
減価償却費（千円）	48,000	31,200	20,800	100,000
未償却残高（千円）	100,000	52,000	20,800	0

○減価償却費の計算

初年度：48,000千円（算定過程は§7-2と同じ）

２年度：見込販売数量に基づく償却額

$$52{,}000 \times \frac{\text{実績販売数量９千個}}{\text{期首の見込販売数量（10+5）千個}} = 31{,}200\text{千円}$$

残存有効期間に基づく均等償却額：52,000千円 $\times \frac{1}{2}$ ＝26,000千円

大きい方の31,200千円を償却費として計上する。

３年度：未償却残高 100,000－48,000－31,200＝20,800千円

7－4 市場販売目的のソフトウェアの減損

市場販売目的のソフトウェアも減損が必要？

固定資産の減損に係る会計基準（以下，減損会計基準）では，投資した固定資産の帳簿価額のうち，固定資産の使用を通じて将来獲得するキャッシュ・フローによって回収ができない部分について，減損損失を計上することが定められています。対象資産には無形固定資産も含まれます。ただし，市場販売目的のソフトウェアには，減損会計基準が適用されません。

減損会計基準では，他の会計基準に**減損処理またはそれに類似する会計処理**の定めがある場合は，減損会計基準の対象資産から除いています。市場販売目的のソフトウェアは，「研究開発費及びソフトウェアの会計処理に関する実務指針」で，**減損に類似した会計処理**が規定されているため，**減損会計基準**を適用しません。

では，市場販売目的のソフトウェアの「**減損に類似した会計処理**」とは，どういうものなのでしょうか？

それは，その年度末の未償却残高のうち翌期以降の見込販売収益を超過する部分について，一時の費用または損失として処理するというものです。たとえば，販売期間が経過するにつれて著しく販売価格が下落した場合，翌期以降の見込販売収益がその年度末の未償却残高に達しないことが考えられます。また，当初予見できなかった要因によって見込販売数量を減らした結果，翌期以降の見込販売収益が，その年度末の未償却残高に達しないことも考えられます。このような場合に，**減損に類似した会計処理**が必要となることがあります。

市場販売目的のソフトウェアの減損

＜前提条件＞＊見込販売数量をもとに減価償却を実施
前提条件は④を除き，§7-3と同じ。販売単価の条件は，下記のとおり。
④ 販売単価は，初年度5千円であったが，2年度に競合製品がリリースされたため，2年度末に3年度の販売単価を3千円とした。

＜計画時点＞	初年度	2年度	3年度	合計
見込販売数量（千個）	25	13	12	50
見込販売単価（千円）	@5	@5	@5	
見込販売収益（千円）	125,000	65,000	60,000	250,000

※初年度および2年度の減価償却費の算定過程は，§7-3と同じ。

＜初年度末の状況＞	2年度	3年度	
2年度以降の見込販売数量（千個）	10	5	
見込販売単価（千円）	@5	@5	
翌期以降の見込販売収益（千円）	50,000	25,000	⇨ 75,000
初年度末の未償却残高			52,000

＜2年度末の状況＞	3年度	
3年度の見込販売数量（千個）	5	
見込販売単価（千円）	@3	
3年度の見込販売収益（千円）	15,000	⇨ 15,000
2年度末の未償却残高		20,800

○減損および減価償却の検討
初年度：翌期以降の見込販売収益75,000千円＞未償却残高52,000千円⇒減損不要！
2年度：3年度の見込販売収益15,000千円＜未償却残高20,800千円 ⇒減損が必要！
減損金額 未償却残高20,800－3年度の見込販売収益15,000＝5,800千円
3年度の減価償却費：100,000－(48,000＋31,200＋5,800)＝15,000千円

未償却残高のうち，
見込販売収益を上回る部分は減損になるんだ。

7－5 自社利用のソフトウェアの性質

使用目的は有形固定資産と共通

自社利用のソフトウェアは，市場販売目的のソフトウェアと同様，無形固定資産ですが，性質が異なる点があります。それは，ソフトウェアを利用したことにより得られる収益獲得または費用削減とソフトウェアの利用に伴う費用の対応関係です。

市場販売目的のソフトウェアは，費用と収益の対応関係は明確です。このため，費用（減価償却）は，収益（販売本数や販売収益）に応じて算定します（§7-1）。

一方，自社利用のソフトウェアは，利用による収益獲得または費用削減とソフトウェアの利用に伴う費用が直接的な対応関係になく，全体で寄与するケースが多いと考えられます。なぜなら，自社利用のソフトウェアは，ソフトウェアを利用してサービスを提供したり，社内業務を効果的，効率的にしたりするためのものだからです。この点，自社利用のソフトウェアの利用目的は，建物や機械装置のような**有形固定資産と共通**しているといえます。

ただし，自社利用のソフトウェアでも，ソフトウェアを利用して外部にサービス提供等を行っており，将来の販売数量や獲得できる収益を合理的に見積ることができる場合には，市場販売目的のソフトウェアと同様に，獲得する収益との関係が明確となることもあります。

自社利用のソフトウェアの性質

■社内業務の効果・効率向上を目的とする場合

⇒有形固定資産と類似した性質

例）社内の業務効率化のために導入されたオペレーション管理に用いるソフトウェア

財務会計システム，給与計算システム，
生産管理システム　等

■外部へのサービス提供に利用する場合

①獲得する収益との関係が明確でない

⇒有形固定資産と類似した性質

例）在庫管理を受託している場合の在庫管理システム
経理業務を受託している場合の財務会計システム

②獲得する収益との関係が明確である

⇒市場販売目的のソフトウェアと類似した性質

例）給与計算業務を受託している場合の給与計算システムで対象人員数に応じて収益を得られる場合
クラウド・サービスに提供しているソフトウェアでライセンス数に応じて収益を得られる場合

7－6 自社利用のソフトウェアの償却方法

定額法が一般的だが，利用実態に応じた方法で！

自社利用のソフトウェアについては，第三者へのサービス提供や社内業務の効率化など，そのソフトウェアの利用目的に応じた**最も合理的な減価償却の方法を採用すべき**とされています。

社内業務の効果・効率の向上を目的としたソフトウェアや，サービス提供用でも獲得する収益との対応が明確でないソフトウェアについては，獲得する対価との関係が明確でないことから，利用可能期間に応じた費用配分となります。期間配分方法は，**定額法**が合理的と考えられます。ソフトウェアは物理的な劣化をせず，通常，利用期間を通じて平均的に利用されると考えられるためです。

自社利用のソフトウェアでも，サービス提供用で，将来の販売数量や獲得収益を合理的に見積ることができるものもあります。この場合には，見込販売数量または見込販売収益に基づく減価償却の方が，費用・収益の対応の観点から適切とも考えられます。

なお，利用可能期間を基礎として償却を行う場合の自社利用のソフトウェアの耐用年数は，**原則として５年以内**の年数とし，５年を超える年数とする場合には，合理的な根拠に基づく必要があるとされています。利用可能期間の見積りは様々な要因により影響を受けるものであり，昨今の技術革新の状況等に配慮するため，５年という一定年数以内とする規定が設けられています。

自社利用のソフトウェアの償却方法

■社内業務の効果・効率向上を目的とする場合

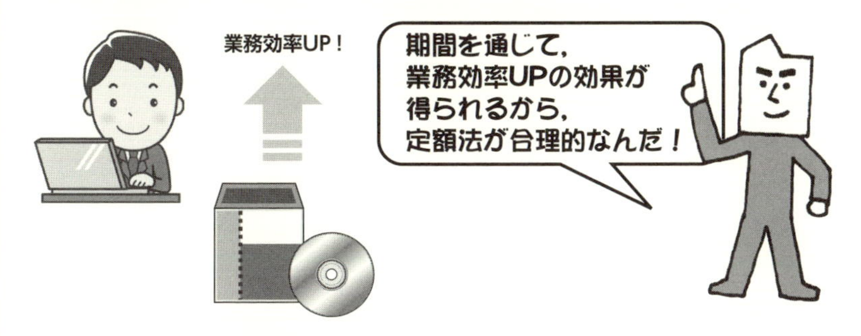

■外部へのサービス提供に利用する場合

①獲得する対価との関係が明確でない

Aサービスに利用するソフトウェア

Aサービスから得られる対価

ソフトウェアの利用と収益獲得の関係が明確でないから，定額法になるのか。

②獲得する対価との関係が明確である

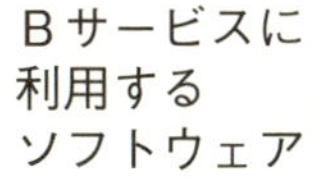

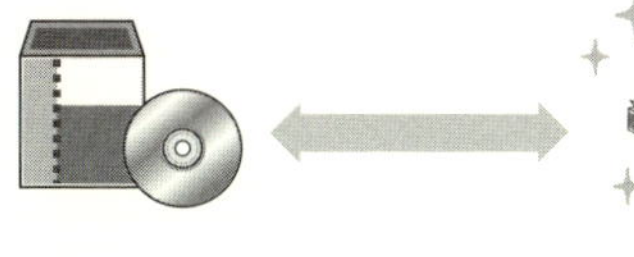

Bサービスから得られる対価

ソフトウェアの利用と収益獲得が明確だから，市場販売目的と似ているね！

7－7 自社利用のソフトウェアの利用可能期間の見直し

利用可能期間は適時に見直しが必要！

自社利用のソフトウェアの利用可能期間については，その後の様々な要因により変動することがあります。たとえば，後継のソフトウェアの開発計画が社内で承認され，当初予定していた償却期間よりも利用可能期間が短くなる場合や，当初考えていたほどの効果が得られず途中で利用をやめてしまう場合などが考えられます。

このように，利用可能期間は，当初の見積りから変わった場合には，適時に見直す必要があります。当期末において利用可能期間を見直した結果，耐用年数を変更した場合の当期および翌期の減価償却額の算定は，以下の算式で行われます。

$$\text{当期の減価償却額} = \text{当期首における未償却残高} \times \frac{\text{当期の期間}}{\text{当期首における}\underline{\textbf{変更前}}\text{の残存耐用年数}}$$

$$\text{翌期の減価償却額} = \text{翌期首における未償却残高} \times \frac{\text{翌期の期間}}{\text{翌期首における}\underline{\textbf{変更後}}\text{の残存耐用年数}}$$

Check!　会計上の見積りの変更と過去の誤謬の訂正

新たに入手可能となった情報に基づき，利用可能期間を見直し，耐用年数を変更することも，会計上の見積りの変更に該当します。その場合，将来にわたって変更を反映させます。

一方，過去の耐用年数がその時点での合理的な見積りに基づくものでなかった場合の変更は，過去の誤謬の訂正になります。その場合，重要性があれば過去に遡って修正が必要となります。

自社利用のソフトウェアの利用可能期間の見直し

<前提条件>

① 自社利用のソフトウェアを取得原価100千円で初年度期首に取得

② 当初の見込みでは利用可能期間は5年

③ 後継となるソフトウェアの開発計画が進捗し，２年度末に利用可能期間が４年度末までと見直された

<当初見込み>

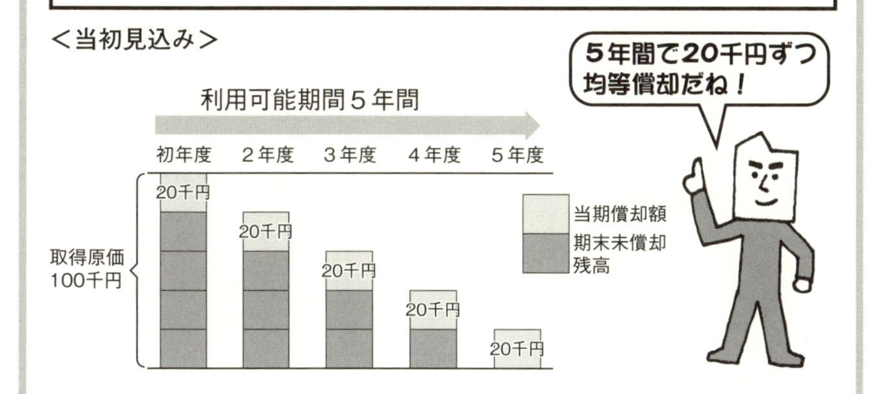

<２年度末の見直し後>

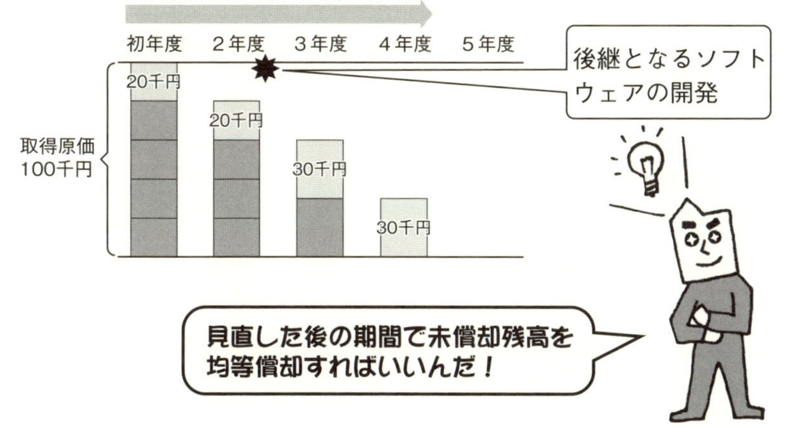

7−8 自社利用のソフトウェアの除却

使わなくなったらどうするの？

自社利用のソフトウェアは，原則，５年以内で償却します（§7-7）。しかし利用可能期間の途中であってもソフトウェアを利用しなくなった場合には，会計上は**除却処理**として，**未償却残高を一時の費用または損失として処理**することとなります。たとえば，新たなソフトウェアの導入や，ソフトウェアの機能の陳腐化といった場合が考えられます。

自社利用のソフトウェアの一部の機能を利用しなくなった場合には，該当部分に関して除却処理，すなわち帳簿価額を一時の費用または損失とする会計処理を行う必要があります。除却すべき部分の帳簿価額の算定にあたっては，当初の見積りを参考にする方法，開発規模によって按分する方法など，合理的な方法で行うこととなります。

自社利用のソフトウェアは目に見えない無形の資産であり，実際に利用されているか否かを所管部署以外の第三者が把握するのは，有形固定資産の場合と比較し，困難です。したがって，適時・適切に除却処理を行うために，ソフトウェアを利用しなくなったタイミングで所管部署から適時に報告を受けられるような体制を構築することが重要です。決算のタイミングに，各利用部署に対してソフトウェアの利用状況を確認する手続を設けることも有効です。

自社利用のソフトウェアの除却

① 新製品への切り替えにより，既存の自社利用のソフトウェアの利用を終了するケース

② 自社利用のソフトウェアの機能が当初想定した効果を生み出さないため利用を終了するケース

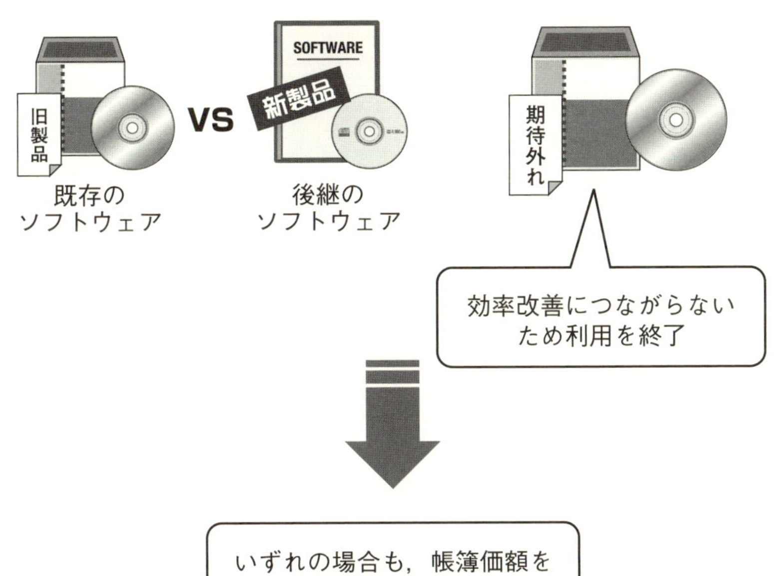

いずれの場合も，帳簿価額を一時の費用または損失に！

7－9 自社利用のソフトウェアの減損

減損会計基準の対象？

市場販売目的のソフトウェアは，減損会計基準の適用対象外（§7-4）ですが，自社利用のソフトウェアの場合はどうでしょうか？

自社利用のソフトウェアは，他の会計基準に減損処理またはそれに類似した会計処理の規定がないため，**減損会計基準の適用対象**となります。

減損会計基準に従って会計処理をするために，自社利用のソフトウェアに限らず，建物や機械装置など固定資産を事業ごとなど，キャッシュ・フローを生み出す最小単位にグルーピングします。そして，その資産グループごとに投資額が将来獲得可能と見込まれるキャッシュ・フローで回収できるかどうかの検討を行うこととなります。したがって，減損会計基準に基づく場合には，自社利用ソフトウェアの回収可能性だけを個別に判定するわけではないということになります。

ただし，例外も存在します。自社利用ソフトウェアのうち，第三者への業務処理等のサービスを提供することを目的としたものについては，市場販売目的のソフトウェアと同様に見込販売数量や見込販売収益に基づく方法で償却を行うこともあります。その際に，市場販売目的のソフトウェアに準じて，減損に類似した収益性の低下を反映する会計処理も実施している場合には，**減損会計基準の適用対象外**ということになります。

自社利用のソフトウェアの減損

1．社内業務の効果，効率向上のためのソフトウェア

2．第三者への業務提供のためのソフトウェア

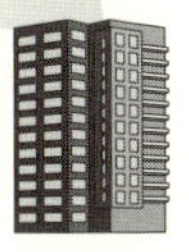

■自社利用のソフトウェアの減価償却方法および減損まとめ

ソフトウェアの利用目的	減価償却方法	減損において適用される会計基準
社内業務の効果，効率向上	定額法	減損会計基準
第三者への業務提供	定額法	減損会計基準
	見込販売数量（または収益）に基づく方法	ソフトウェア実務指針（市場販売目的のソフトウェアに準じて）

OSとアプリの違い

PCを購入しようとしたときに，「OS」という言葉を耳にしたことがあるのではないでしょうか。OSとは，オペレーティングシステムの略称で，PCやスマートフォンなどを操作，運転する際の中核となるソフトウェアを指します。Microsoft社のWindows，Apple社のiOS，Google社のAndroidなどが有名です。

一方，特に近年，スマートフォンの普及に伴って「アプリ」という言葉をよく耳にするようになりました。アプリは，アプリケーションソフトウェアの略称で，こちらもソフトウェアの一種なのです。PCやスマートフォンなどを利用する際に，ユーザーが直接操作し，OSに指示を行うためのソフトウェアであり，ワードプロセッサ，表計算ソフト，音楽や動画を再生するためのメディアプレーヤーなどが挙げられます。

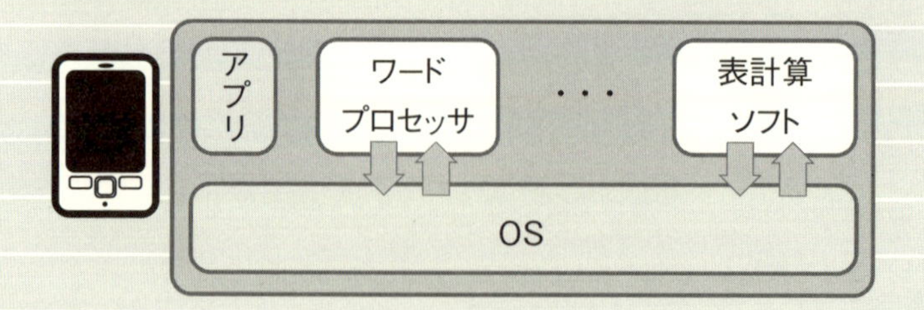

§8

ソフトウェア業界特有の論点

本章ではソフトウェア業界特有の論点を紹介します。ゲームアプリやウェブサイト，クラウドサービスの会計処理はどうなっているのか。ソフトウェア業界特有の不正にどのようなものがあるのでしょうか？

8－1 アジャイル開発による制作

リリース単位での効果測定ができるか

ソフトウェアの開発手法は複数ありますが，下記の２つが有名です。

古くからある**ウォーターフォール型開発**は，要件定義（分析）→設計→開発（実装）→テスト→リリースの順に，プロジェクト全体にわたる計画に沿って開発を進める手法で，１年を超える大型の開発プロジェクトでも用いられてきました。工事契約会計基準が，受注制作のソフトウェア取引として想定するものです。

一方，**アジャイル開発**は，たとえ部分的でも一定の完成した機能を１～２週間等の短期間で実装し，リリースを反復して，少しずつ開発を進める手法です。要求される機能自体に不確定要素が多い場合などに向いているとされています。

アジャイル開発によるソフトウェア制作で最重要なのは，短期間で次々にリリースされる各機能の開発コスト（主に開発労務工数）について，どのような場合に資産計上し，どのような場合に費用処理し（資産計上を禁止し），また，どのような場合に評価減するかの見極めです。したがってアジャイル開発は，**リリースされる機能ごとの開発目的と投資採算を事後的にモニタリングできる情報の確保**が求められます。

Check!　アジャイル開発と工事進行基準

事前に完成仕様が確定しないアジャイル開発によって納入する場合，工事進行基準を適用するのは極めて困難と考えられます。

アジャイル開発はコスト処理の見極めが難しい

【ウォーターフォール型開発の場合】
リリース単位が資産全体であり，資産性の検討がしやすい→コスト処理の見極めが容易。

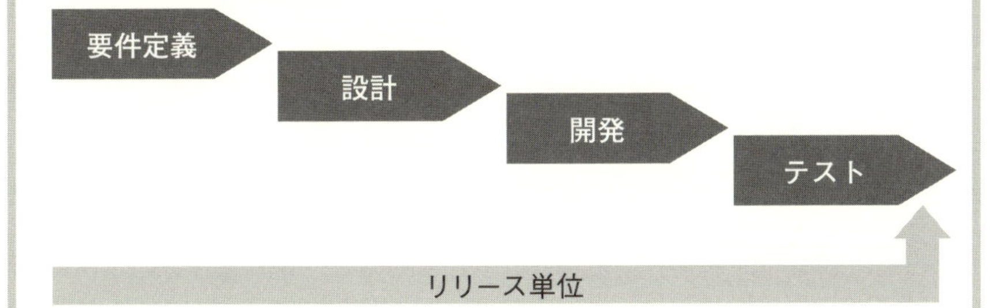

【アジャイル開発の場合】
リリース単位に対応する資産が部分的であり，資産性の検討が難しい→コスト処理の見極めが困難。

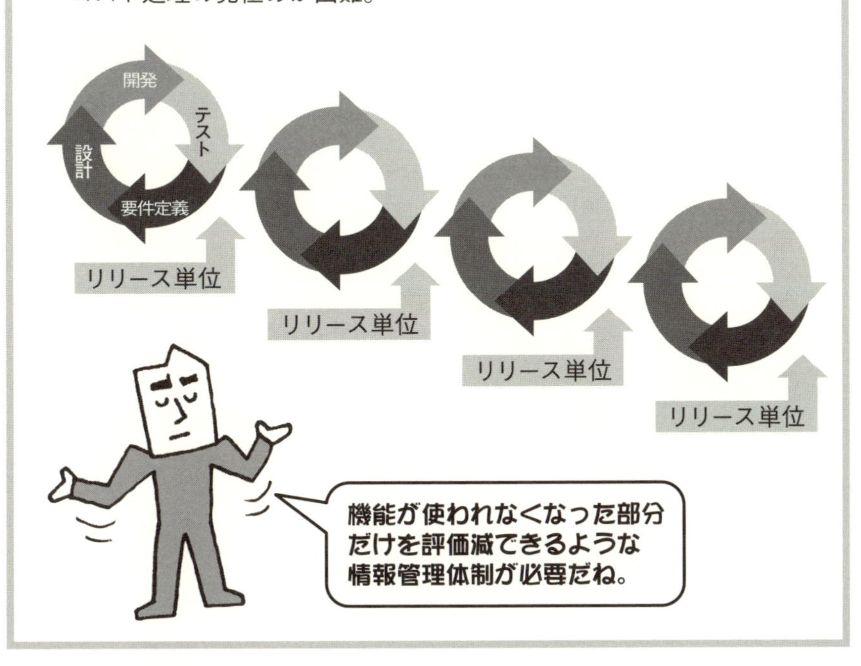

8－2 ウェブサイトの制作

プログラムが含まれていれば，ソフトウェアとして計上

企業がウェブサイトを構築するのは，多くの場合，企業そのものや製品，サービスの紹介のためであり，広告宣伝，販売促進などを目的とします。この場合，ウェブサイトの構築費用は**広告宣伝費**等の販売費とすればよいように思えます。

しかし，ウェブサイトにプログラムが含まれている場合は話が変わってきます。§1-1にあるとおり，**プログラムが含まれていると，会計上はソフトウェアとして取り扱う**必要が出てきますので，単に広告宣伝費として計上しておけばよいというものではありません。

たとえば，オンラインショッピング用のウェブサイトには，カート機能や商品管理機能，顧客情報管理機能などのプログラムが含まれています。この場合，ウェブサイトの構築にかかったコストは，収益獲得目的の自社利用ソフトウェアとして資産計上したうえで，減価償却費を通じて費用化します。

Check!　ウェブサイト制作会社の会計処理は？

特定の顧客から個別に制作を請け負って納入するなら，受注制作のソフトウェアとして収益認識します。また，コンテンツ管理用のアプリを販売するような場合は，市場販売目的ソフトウェアとして収益認識します。

プログラムの有無によるウェブサイトの差

一口にウェブサイトといっても，プログラムが組み込まれているものと，そうでないものでは，機能に大きく差が出る。たとえば，「カート」というプログラムがあるのと，ないのでは…

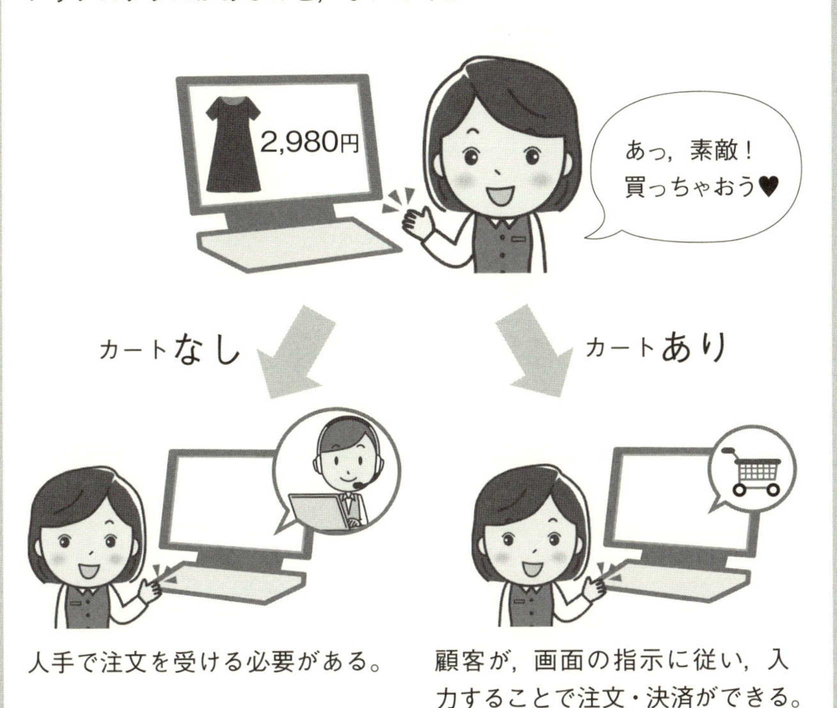

人手で注文を受ける必要がある。

顧客が，画面の指示に従い，入力することで注文・決済ができる。

8－3 ゲームアプリの制作

プログラムとコンテンツとは一体不可分か

ゲームアプリは，「ゲームを動かすプログラム」と，「CGやサウンド，シナリオ等のコンテンツ」から構成されます。プログラムとコンテンツはそれぞれ別に会計処理することが基本ですが，両者が一体不可分といえる場合にはこれらを一体として会計処理することができます。

それぞれ別に会計処理をする場合は，**プログラムの制作コストは，市場販売目的ソフトウェア**として資産計上し（§5-1参照），販売に応じて減価償却費を計上します（§7-2参照）。

なお，**コンテンツには資産計上の範囲や減価償却に関する明確な会計基準がない**点に注意が必要です。したがって，コンテンツの制作コストを棚卸資産に計上する会計実務や無形固定資産に計上する会計実務などが混在しており，実態に沿った会計処理をよく見極める必要があります。たとえば，CGコンテンツは頻繁に変更になるものの，プログラムの変更はないといった場合には，両者を一体として会計処理するのではなく，区分して会計処理することが実態に適っていると言えます。特にコンテンツごとに利用サイクルが異なる場合には，タイトル単位のような大括りではなく，CG，サウンド，シナリオといった，実態に沿った原価管理・会計処理の単位を設定することがふさわしいと考えられます。

ゲーム＝プログラム＋コンテンツ

ゲームアプリの制作費は，プログラム制作費とコンテンツ制作費から成り，会計処理方法は，これらが区分可能か一体不可分かによる。

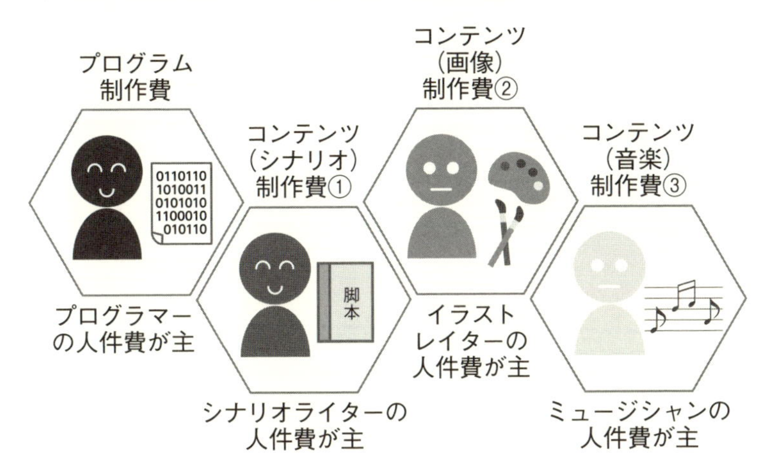

■プログラムとコンテンツが区分可能なら

■プログラムとコンテンツが経済的・機能的に一体不可分なら

プログラムとコンテンツを一体として資産計上

8－4 M&A時の仕掛研究開発の取得

M&A時は製品マスター完成前でも価値があれば資産計上

市場販売目的のソフトウェアは，重要なバグ取りを終えた状態の製品マスターVer.0（§5-3）が完成するまでは研究開発費として費用処理し，資産計上することができません（§5-5）。

しかし企業買収時だけは例外です。買収先にプロトタイプとして完成する前段階のプログラム等（**仕掛研究開発**）が存在し，しかもそのプログラムを個別に売却することができる（**分離して譲渡可能**である）ようなケースでは，特別に，仕掛研究開発として無形固定資産に計上します。これは，企業結合上の特殊なケースとして，買収企業の資産を時価評価して取り込むとされているためです。

ただし，まだあまり進捗していない案件のように，将来得られるであろう収入よりも支出の方が多くなってしまう研究開発については，たとえ時価評価をしたとしてもマイナスとなってしまうため資産計上されることはありません。したがって，時価評価をした結果，仕掛研究開発の計上額がわずかということも考えられます。

なお，企業買収後は本来の処理に戻ります。つまり，プロトタイプが完成するまでは追加の資産計上をすることができず，取得した仕掛研究開発資産についての減価償却も開始できません。

Key Word　分離して譲渡可能な無形資産

研究開発活動の途中段階の成果のほか，ソフトウェア，顧客リスト，特許で保護されていない技術，データベースなどが該当します。

仕掛研究開発が資産計上されるのはM&Aの時だけ

■通常のケース

研究開発費 → 研究開発費 → 研究開発費 → 資産計上 → 資産計上 → 資産計上

製品マスター完成前 → 製品マスター完成後

■仕掛研究開発が資産計上されるケース

M&A

資産計上可 → 研究開発費 → 資産計上 → 資産計上 → 資産計上

製品マスター完成前 → 製品マスター完成後

分離して譲渡可能で，かつ，M&A以降のコストも考慮したうえで時価評価がプラスになった場合だけ資産計上するんだね。その後，製品マスターが完成するまでは，研究開発費の計上になるんだね。

8－5 クラウドサービスの会計処理

利用実態（提供実態）に応じて毎月計上

オンラインストレージ等，クラウドサービスの利用が急速に広がっています。クラウドに明確な定義はありませんが，クラウドサービスに共通する会計処理の特徴があります。クラウドサービスが**何に応じた課金か**で会計処理が決まるということです。

月額固定料金による課金であれば，ユーザーは契約期間にわたり毎月一定額を費用計上し，ベンダーは契約期間にわたり毎月一定額を売上計上します。また，処理量に基づく従量課金であれば，ユーザーは処理量に応じた金額を費用計上し，ベンダーは処理量に応じた金額を売上計上します。

従量課金の場合には，請求明細を受領するまでに時間を要することもあるため，月ごとに処理量の変動が大きい場合には，毎月の締めに間に合うよう，早めに請求内容をおさえることが望まれます。

ベンダーの提供コストについても，上記と同様に会計処理します。データセンターを間借りする場合の賃料が月額固定料金なのであれば，契約期間にわたり毎月一定額を費用計上します。電源や空調，ネットワーク等の設置環境が利用量に基づく従量課金なのであれば，利用量に応じた課金額を費用計上します。サーバーやストレージ等のハードウェアは自己取得したものを利用するのであれば，有形固定資産に計上した後，耐用年数にわたって減価償却費を計上します。

ユーザーのクラウドサービスの会計処理は，自社所有か外部利用かに注目

ユーザー側の会計処理は自社所有か外部利用かで決まる。
自社所有：資産計上をしたうえで減価償却費を通じコスト配分
外部利用：期間（月額固定課金）や利用料（従量課金）に応じコスト配分

ユーザー側から見た所有／利用の区分

一般的なサービス名	設置環境	ハードウェア環境	OS・ミドルウェア	アプリ
ハウジング	外部利用	自社所有	自社所有	自社所有
ホスティング	外部利用	外部利用	自社所有	自社所有
IaaS Infrastructure as a Service	外部利用	外部利用	自社所有	自社所有
PaaS Platform as a Service	外部利用	外部利用	外部利用	自社所有
SaaS/ASP Software as a Service/Application Service Provider	外部利用	外部利用	外部利用	外部利用

たとえばハウジングの設置環境は，外部利用なので，期間や利用料に応じたコスト配分にするのだな。

8－6 IoTと会計

会計上の影響を受けるのはIoTサービスの提供者

IoT（Internet of Things）は「モノのインターネット」ともいいます。これまでも建機・農機の監視（右頁），交通状況の把握，スマート家電などに用いられてきました。あらゆるものがインターネットにつながり，温度などの物理的な変化を遠隔地でも計測できるようになったことに加え，計測した多量のデータを蓄積する環境が整ってきたことが普及の追い風になっています。通信コスト，データ蓄積コスト，デバイス・コスト（センサー等）がいずれも低減したことが大きいといえます。

インターネットもセンサーも，それ自体は以前から存在するものであり，特に目新しいものではありません。これらの既存要素を組み合わせてIoTとして新たなサービスが提供されるようになったことが画期的なのでしょう。

新たなサービスが提供されるようになると，会計にも影響を与えます。IoTについて影響を受けるのは，従来はソフトウェア会計とあまり関係がなかったかもしれない，メーカー等のIoTサービス提供会社となります。たとえば，機材販売と保守サービスが束ねられた取引の場合には，複合取引に該当するか検討しなければならなくなりますし，AI（人工知能）やビッグデータが関係する場合には，研究開発費やコンテンツの会計処理についても慎重に検討しなくてはならなくなるかもしれません。

モノの販売に併せて，IoTを使って提供されるサービスが新たに生じていないか，サービスを提供するための新たな基盤構築がないか，ビジネス全体を通した会計上の整理が求められます。

新ビジネスは会計処理が従来通りでよいか要検討！

IoT という新技術により，たとえばモノのみを提供していたメーカーが，IoT サービスのほか，保守等のサービスを提供する場合もある。このような新たなビジネスでは，会計処理が従来通りでよいかの検討が必要。

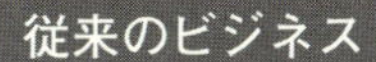

ユーザーに提供するのはモノのみ

メーカー ――→ ユーザー

IoT サービス提供後

ユーザーに提供するのはモノとIoT サービス

メーカー ――→ ユーザー

さらに，IoT サービスの一環で部品の摩耗状況をタイムリーに把握できるので…

と提案し，保守サービスを行う場合もある

これまでのモノの販売に係る会計処理（一括売上）とは異なり，モノとサービスを分けたうえで，IoT サービスや保守サービスは月次で売上計上。

8－7 不正なソフトウェア取引

代表的な会計不正取引とは？

ソフトウェアは「無形」の資産であり外部から状況が見えにくいこと，契約形態が複雑で多様であること，取引に関与する当事者が多数になること等から，様々な会計不正取引が行われてきました。その中でも代表的な不正事例が**循環取引**です。循環取引とは，複数の会社が互いに共謀し，商品の売買やサービスの提供等の相互発注を繰り返すことで，売上高をかさ上げして計上する取引手法です。

循環取引に類似する不正取引としては，以下のものがあります。

- 複数の会社間で売上を増額することを目的として，自分の注文をそのまま他社に回す取引（**スルー取引**）
- 売上を増額することを目的として，複数の会社が互いに商品・製品等をクロスしていったん販売し合い，その後在庫を保有し合う取引（**クロス取引**）

これらの取引を発見するためには，取引スキームの全体像を把握することや，取引の異常な兆候（利益率が異常に高いまたは低い等）を見逃さないようにすることが大切です。

Check!　なぜ循環取引は発見しにくいの？

循環取引は，通常，注文書や契約書，検収書や請求書等の書類が全てそろえられており，さらには，請求書に基づく入金があるケースもあることから，形式的には通常の取引と違いがないため，発見することが難しいといわれています。

循環取引の流れ

■循環取引の例

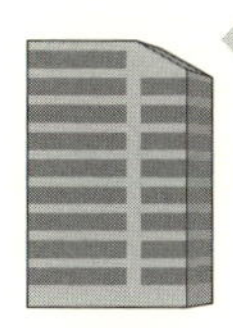

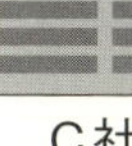

8－8 工事進行基準による会計不正

工事進行基準を利用した会計不正はどんな手法なの？

工事進行基準による売上高は以下の計算式で算出されます。

$$\text{工事進行基準による売上高} = \text{受注金額} \times \frac{\text{実際発生原価}}{\text{工事原価総額（見積）}}$$

〔進捗率〕

この計算式のうち，受注金額は契約書や注文書で通常確定していますが，**進捗率**は変動する数値です。そのため，これを操作して不正に高く計算することによって，売上高の前倒し計上が行われてしまうのです。ここでは，この進捗率を操作する会計不正事例を２つ紹介します。

１つ目は，進捗率の分母である**工事原価総額**を意図的に低く見積る手法です。本来必要な原価の一部を意図的に見積りから除外することによって，工事原価総額を低く見積ると，進捗率が高く計算されるため，結果として売上の前倒し計上が行われてしまいます。

２つ目は，進捗率の分子である**実際発生原価**を高く計上する手法です。例えば，本来別のプロジェクトに集計されるべきエンジニアの人件費を工事進行基準を適用しているプロジェクトへ**付け替え**て，実際発生原価を高く計上すると，進捗率が高く計算されるため，売上の前倒し計上が行われてしまいます。

そのため，このような会計不正を防ぐためには，工事原価総額の見積りや工事原価の付替を防止または発見するための内部統制を構築する必要があります。

工事進行基準を利用した不正の手口

■工事原価総額を低く見積る手法

工事原価総額見積書

担当	承認

PJ コード：123-4567
PJ 名：A プロジェクト

工事原価総額				
費目	内訳	数量	単価（円）	金額（円）
原材料費	サーバー	1 台	1,000,000	1,000,000
労務費	エンジニア A	300 時間	3,000	900,000
	エンジニア B	500 時間	4,000	2,000,000
外注費	パートナー C	100 時間	5,000	500,000
	パートナー D	400 時間	6,000	2,400,000
合計				6,800,000

■実際発生原価を高く計上する手法

プロジェクト台帳

担当	承認

PJ 名：A プロジェクト
売上基準：工事完成基準

実際発生原価			
費目 / 内訳	数量	単価（円）	金額（円）
原材料費			
サーバー	1 台	500,000	500,000
労務費			
エンジニア A	200 時間	3,000	600,000
エンジニア B	400 時間	4,000	1,600,000
外注費			
パートナー C	50 時間	5,000	250,000
パートナー D	200 時間	6,000	1,200,000
経費			
直接経費			200,000
間接経費	600 時間	1,000	600,000
合計			4,950,000

プロジェクト台帳

担当	承認

PJ 名：B プロジェクト
売上基準：工事進行基準

実際発生原価			
費目 / 内訳	数量	単価（円）	金額（円）
原材料費			
サーバー	1 台	1,000,000	1,000,000
労務費			
エンジニア E	100 時間	4,000	400,000
エンジニア F	200 時間	3,000	600,000
外注費			
パートナー G	100 時間	6,000	600,000
パートナー H	200 時間	5,000	1,000,000
経費			
直接経費			100,000
間接経費	300 時間	1,000	300,000
合計			4,000,000

COLUMN

ハッカーの正しい意味は？

ハッカーというとどういう人を想像しますか？　多くの方は「他人のコンピュータに侵入してデータを書き換えたり盗んだりする人でしょ？」と思うのではないでしょうか？　ところが正しくは「コンピュータに深い専門知識を持つ人」という意味だそうです。ハッカーって悪い人かと思っていたら悪事を働くという意味はなかったのですね。

じつはこれ日本人が誤訳したのではなくネイティブでもその意味を勘違いしている人が多いそうです。これを嫌って「コンピュータ知識を悪用する人」のことを「クラッカー（Cracker）」と使い分ける人もいるのだとか。とはいうもののネット犯罪が起こった際は「クラッカーが…」ではなく，やはり「ハッカーが…」というように報じられることがほとんどのようです。

言葉というのは元は誤用でも多くの人に使われるうちに正しい意味に認められることが多いようです。「他人のコンピュータに侵入してデータを書き換えたり盗んだりする人」というのがハッカーの正しい意味として広く認められる日も近いかもしれません。

§9

ソフトウェアの会計と税務の取扱い

会計と税務の取扱いでは共通する部分もありますが，会計では適正な期間損益や財政状態の計算が目的なのに対して，税務では課税の公平性や税収確保が目的のため，異なる取扱いも定められています。

ここでは両者の違いについて整理しましょう。

9－1 工事進行基準と受注損失引当金

受注制作ソフトウェアの売上計上と損失が見込まれる契約

受注制作のソフトウェアに関する売上の計上時期について，会計と税務では**工事進行基準の適用範囲**に関する考え方が異なります。

企業会計上は，請負対価の額や工事期間に関係なく，**成果の確実性**（§3-9）が認められる場合（工事収益総額，工事原価総額，工事進捗度を信頼性をもって見積ることができる場合）は工事進行基準が適用され，成果の確実性が認められない場合は工事完成基準が適用されます。

一方，法人税法上は**長期大規模工事**に該当する工事契約には工事進行基準が適用され，それ以外の工事契約については，制作から引渡しまで継続的に適用することを条件に工事進行基準を適用することが認められています。このため会計と税務で異なる基準を適用する場合には，税務申告書において申告調整が必要になります。

また，受注制作のソフトウェアの請負契約から損失が見込まれる場合に，企業会計上は**受注損失引当金**（§4-2～3）の計上が必要になりますが，法人税法上は受注損失引当金の損金算入が認められません。したがって企業会計上で受注損失引当金を計上した場合には，税務申告書で申告調整（損金不算入）が必要になります。

Key Word　長期大規模工事

法人税法上，以下のすべての要件を満たす工事契約のこと

- 工事期間（着手から引渡期日まで）が１年以上
- 工事の請負対価の額が10億円以上
- 請負対価の２分の１以上が引渡しから１年以内の支払条件

会計と税務の工事進行基準

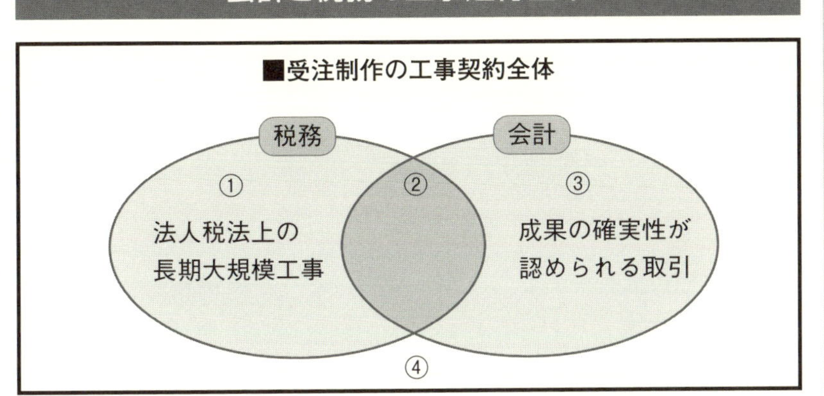

	法人税法	企業会計
①	工事進行基準を適用	工事完成基準を適用
②	工事進行基準を適用	工事進行基準を適用
③	工事完成基準と 工事進行基準が適用可能	工事進行基準を適用
④	工事完成基準と 工事進行基準が適用可能	工事完成基準を適用

①に該当する取引では，会計と税務で適用される基準が異なるね。
会計と税務で同じ基準を適用するには，会計上も工事進行基準が適用できる体制を整備することがポイントだね。

9－2 ソフトウェアの取得価額

収益獲得と費用削減の効果の確実性で取扱いが違う

企業会計上，ソフトウェア勘定に計上されるのは，自社利用のソフトウェアと市場販売目的のソフトウェアですが，法人税法上では，取得方法に応じて外部購入と自社製作の２つに区分されます。

ソフトウェアを外部から購入した場合，導入にあたって必要となる設定作業や仕様変更などの修正作業等の費用を取得価額に含めて計上することについて，会計と税務で大きな違いはありません。

一方で，自社製作の場合には，主に**将来の収益獲得効果と費用削減効果**の確実性によって，企業会計と法人税法で取扱いに違いが生じます。

企業会計上は，**将来の収益獲得効果または費用削減効果が確実である場合**には資産計上し，効果が確実であるとはいえない場合や，不明の場合には発生時に費用処理します。

これに対して法人税法上は，原則，すべての製作費用を含めて資産計上することとしているので，**将来の収益獲得効果と費用削減効果がないことが明らかな場合**のみ取得価額に含めないことが認められます。そのため，会計と税務で取扱いが相違する場合は申告調整が必要になります。

なお，法人税法上は、以下のような場合にも，取得原価に含めないで費用計上することが認められています。

- 仕損じによって不要となったことが明らかであるものに係る費用
- 研究開発費（自社利用ソフトウェアは利用により将来の収益獲得または費用削減にならないことが明らかであるものに限る）
- 製作等のために要した間接費や付随費用等で少額のもの

将来の収益獲得効果と費用削減効果

■税務と会計の資産計上する範囲の違い

将来の収益獲得または費用削減効果	法人税法	企業会計
効果が確実に見込める	資産計上	資産計上
効果が確実ではない もしくは不明	資産計上	費用処理
効果が確実に見込めない	費用処理できる	費用処理

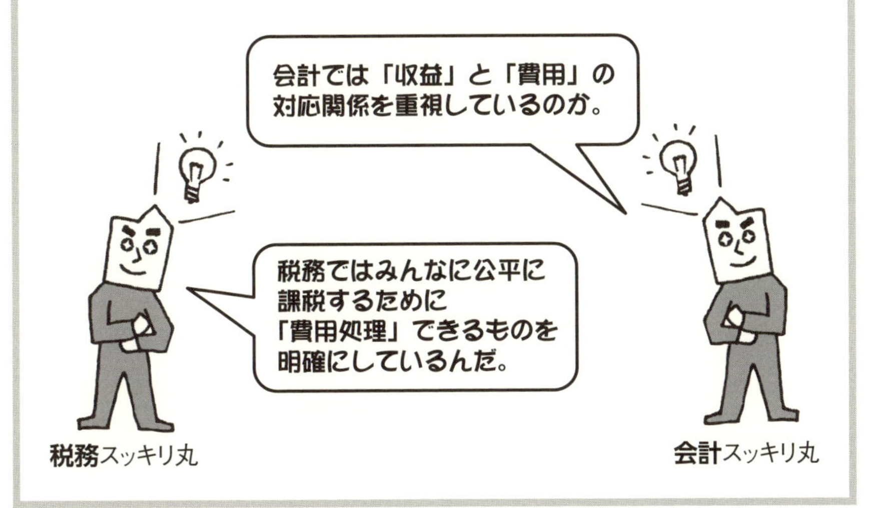

9－3 減価償却方法と耐用年数

会計と税務の減価償却方法の取扱い

市場販売目的や自社利用のソフトウェアを無形固定資産として計上する場合，会計上でも税務上でも減価償却などを通じて費用（損金）計上されますが，会計と税務の原則的な取扱いでは**減価償却方法と耐用年数**で以下の相違があります。

ソフトウェア利用の目的		企業会計上の処理	法人税法上の処理
市場販売目的	減価償却方法	見込販売数量（収益）に基づく方法	定額法
	耐用年数	３年以内	３年
自社利用（サービス提供目的*）	減価償却方法	市場販売目的のソフトウェアと同様の方法	定額法
	耐用年数		５年
自社利用（上記以外）	減価償却方法	定額法	定額法
	耐用年数	５年以内	５年

＊　収益との対応関係が明確で，将来の獲得収益を見積ることができる場合

会計上で税務上の耐用年数より短い年数で減価償却を行う場合や，見込販売数量（収益）に基づいて減価償却を実施して，その減価償却費が税務上の減価償却限度額を超過する場合には，税務申告書における申告調整が必要になります。

Key Word　法人税法上の「減価償却方法と耐用年数」

法人税法上の減価償却方法については上記の方法が原則的な方法とされています。税務署長の承認を予め受けた場合には，その他の方法を採用することもできますが，合理的な根拠が必要になります。

申告調整が必要になるのはどんな時？

前提①　取得価額300

会計の償却方法：３年間の見込販売収益に基づいて償却

税務の償却方法：３年間の定額法で償却

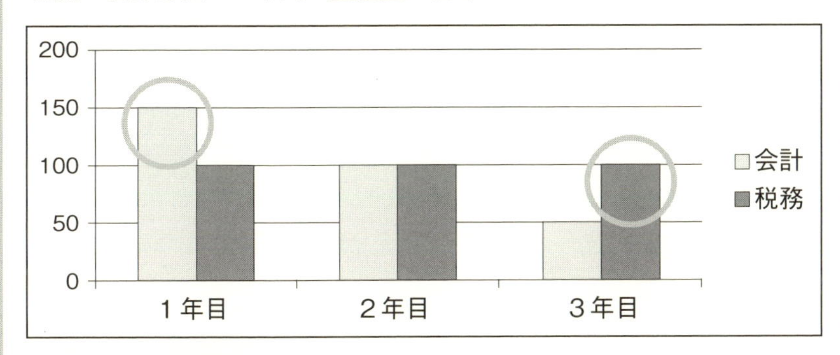

前提②　取得価額300

会計の償却方法：３年間の定額法で償却

税務の償却方法：５年間の定額法で償却

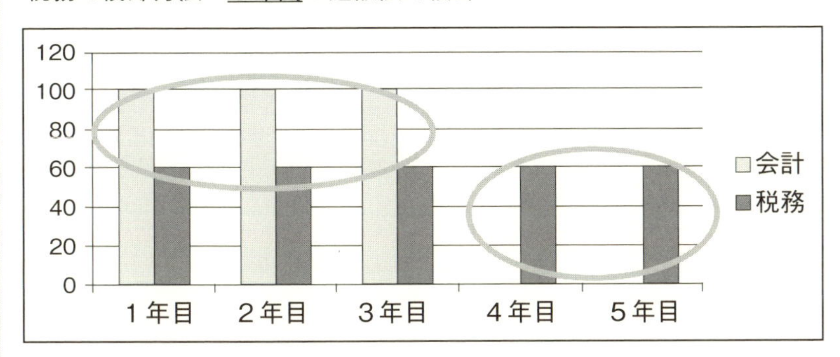

9－4 市場販売目的のソフトウェア

見込販売収益の見積りがポイント！

法人税法上，市場販売目的のソフトウェアについては，「複写して販売するための原本」として区分され，原則として耐用年数３年の定額法により減価償却を行う必要があります。

一方，企業会計上は，ソフトウェアの性格に応じて最も合理的と考えられる方法によって減価償却を行いますが，実務上は，会計基準で例示されている見込販売数量または収益に基づいて減価償却を行うことが一般的です（§7-1）。これに加えて，市場販売目的のソフトウェアの減価償却については，以下の２つの条件が定められています。

企業会計上の２つの条件

- 毎期の減価償却額は，残存有効期間に基づく均等配分額を下回ってはならない（§7-2）
- 減価償却実施後の未償却残高が翌期以降の見込販売収益の額を上回った場合，超過額は一時の費用または損失として処理する（§7-4）

これらにより，会計上で費用として処理した金額が，**税務上の償却限度額**を超過することがあります。この場合は税務申告書における申告調整が必要になります。

Key Word　税務上の償却限度額

税務上の償却限度額とは，税務上損金算入が認められる上限額のことで，耐用年数３年のソフトウェアの場合は取得価額に0.334を乗じた金額です。減価償却費の他に一時費用処理の金額なども含めて，償却限度額を超過した金額について申告調整を行うことになります。

市場販売目的のソフトウェアは「見込販売収益」がポイント

前提A　取得価額300

①会計の償却方法：３年間の見込販売収益に基づいて償却
②税務の償却方法：３年間の定額法で償却
③見込販売収益：１年目75，２年目225，３年目150
④実績販売収益：１年目75，２年目225，３年目150

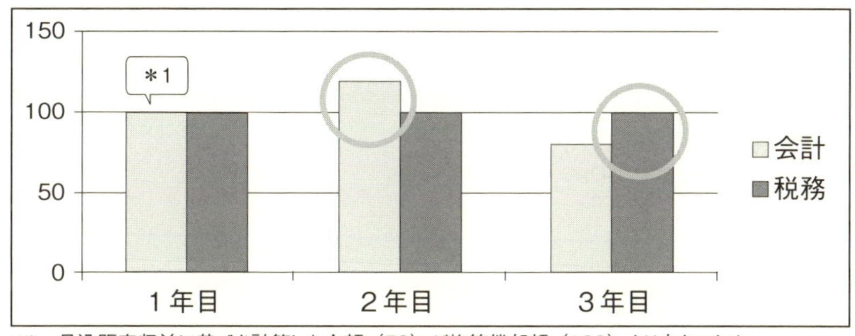

＊1　見込販売収益に基づき計算した金額（50）が均等償却額（100）より小さいため

前提B　取得価額300，①・②：前提Aと同じ。

③：当初見込は前提Aと同じ。２年目期末に３年目見込が50と見直された
④実績販売収益：１年目75，２年目100，３年目50

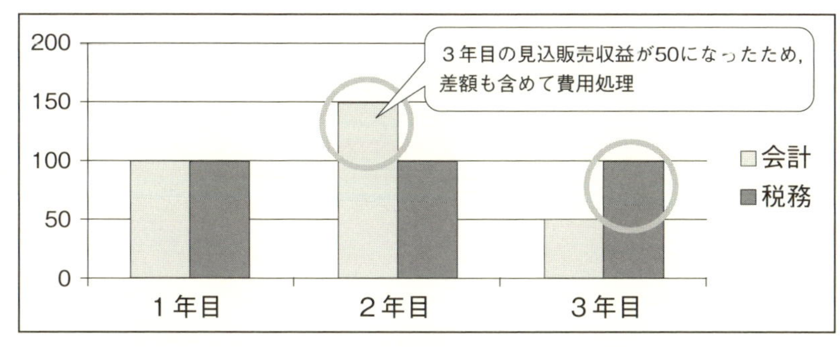

9－5 自社利用のソフトウェア

固定資産の減損や除却処理がポイント！

法人税法上，自社利用のソフトウェアについては，「その他のもの」として区分され，原則として耐用年数５年の定額法により減価償却を行う必要があります。

一方，企業会計上は，会計基準で例示されている５年以内の定額法によって減価償却を行うことが一般的です。また，減額については通常の固定資産と同様に減損会計が適用されます*1（§7-9）。会計上の減価償却費及び減損損失として計上した金額が，**税務上の償却限度額**（§9-4）を超過する場合には，減損を計上した期において税務申告書上で加算する申告調整を行い，その後の期間で減算する申告調整を行うことが必要です。

なお，耐用年数の到来前にソフトウェアの入替えや陳腐化が生じて当該ソフトウェアを使用しなくなった場合には，企業会計上は除却処理が必要になります。法人税法上も除却損失の損金算入が認められますが，今後「**事業の用に供しないことが明らかな事実**」があるときに限定されているため注意が必要です。

＊1　サービス提供に用いる場合で，見込販売収益で償却する場合を除く。

Check!　事業の用に供しないことが明らかな事実

税務上，損金計上が認められるのは以下のような場合です。

・当該ソフトウェアによるデータ処理の対象業務が廃止された場合
・ハードやオペレーティング・システム（OS）の変更等で他のソフトウェアを利用することになった場合など

自社利用のソフトウェアは「減損の有無」がポイント

減損や除却をしたときには差が生じるんだね。減損損失が計上された場合の例を見てみよう。

前提　取得価額300
会計の償却方法：５年間の定額法で償却
税務の償却方法：５年間の定額法で償却
減損損失の計上・４年目に減損損失50を計上

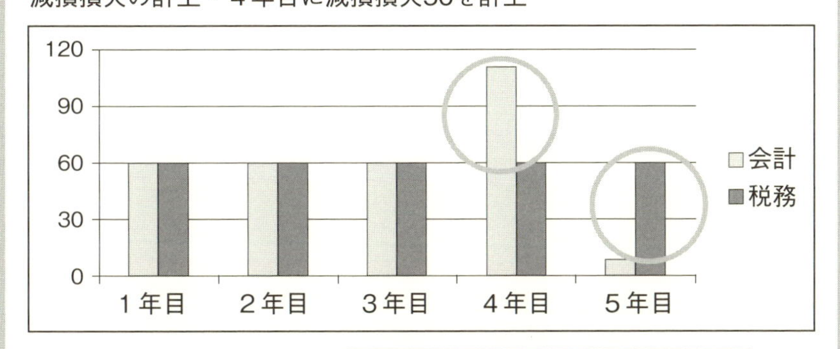

9－6 資本的支出と修繕費

「著しい改良」に注意！　税務では資本的支出になる

法人税法では，固定資産の価値を高めたり耐久性を増すこととなる部分に対応する金額は**資本的支出**として資産計上，通常の維持管理や資産の原状回復に要した金額は**修繕費**とされます。また，ソフトウェアに関連する費用については以下の整理がされています。

> **ソフトウェアに係る税務上の資本的支出と修繕費**
> 修　繕　費：プログラムの機能上の障害の除去，現状の効用の維持等に該当する修正等に要した費用
> 資本的支出：新たな機能の追加，機能の向上等に該当する修正等に要した費用
> （注）ソフトウェア等の仕様を大幅に変更して，新たなソフトウェアを制作するための費用は，原則として取得価額になることに留意

この考え方によると，バグ取り費用やウイルス対策費用などについては，修繕費として損金算入ができますが，機能の追加や向上を伴うバージョンアップについては資本的支出として取り扱われます。

会計と税務で基本的な考え方は類似していますが，**「著しい改良」**があった場合，会計では研究開発費として費用処理する必要があるのに対して（§5-8），税務では資本的支出になる点に注意が必要です。

Check!　ソフトウェアに係る資本的支出

既存のソフトウェアについて資本的支出を行った場合，対象となった資産とは別のソフトウェアを新たに取得したものとして処理します。

著しい改良の判断は？

支出の内容	法人税法	企業会計
障害除去や機能の維持	費用処理	費用処理
新機能の追加，機能の強化	資産計上	資産計上
著しい改良（大幅な仕様変更）	資産計上	費用処理

著しい改良については，会計と税務で
取扱いが明確に違うんだね。
でも，著しい改良ってちょっと
分かりにくいけど，
どんな支出が該当するのかな。

会計上で費用処理が必要になる著しい
改良は以下のような場合だね。
・機能の改良強化のために，主要なプロ
　グラムの過半部分を再制作する場合
・ソフトウェアの動作環境を変更・追加
　するために大幅な修正が必要な場合

バージョンアップ費用の会計上の
取扱いについては§5-9も参考にしてね。

9－7　税効果会計適用の留意事項

税効果会計は会計と税務の橋渡し役

会計と税務では収益（益金）や費用（損金）の考え方に違いがあるので，会計上で計算された利益と，税務上で計算された税金の金額は必ずしも対応した関係にならないのが一般的です。

そこで会計と税務の橋渡しをするのが税効果会計になります。税効果会計では**会社分類**と会計と税務のズレの**解消時期のスケジューリング**がポイントになります。

ソフトウェアについて，会計と税務の主な相違点（§9-1～§9-6）は以下のとおりですが，これらの相違点（**一時差異**といいます）の解消時期と将来の課税所得の金額を見積って，**会社分類**に応じて**繰延税金資産**をいくら計上するかを検討することになります。

ソフトウェアに係る会計と税務の主な相違点

①　受注損失引当金
②　将来の収益獲得または費用削減の効果が不明な製作費用
③　将来の収益獲得または費用削減の効果が確実または不明な研究開発費
④　税務上の減価償却限度額を超過する減価償却費
⑤　自社利用ソフトウェアの減損損失
⑥　市場販売目的および自社利用ソフトウェアの著しい改良費用

Key Word　税効果会計における会社分類

会計基準では，企業ごとに過去３年および当期の課税所得や税務上の繰越欠損金の状況等に応じて，会社を１～５の区分に分類し，計上できる繰延税金資産の金額が決まります。会社分類によって計上される繰延税金資産等の金額が大きく変動するので注意が必要です。

税効果会計を適用しない場合，適用する場合

■損益計算書（税効果会計の適用前）

売上	1000
売上原価	△ 500
受注損失引当金繰入額	△ 100
減損損失	△ 200
税引前利益	200
法人税等	△ 150
税引後利益	50

■税務申告書の税金計算

税引後利益	50
法人税等	150
受注損失引当金繰入額	100
減損損失	200
課税所得	500
税率	30%
法人税等の金額	150

■繰延税金資産の計算

一時差異の金額	
受注損失引当金繰入額	100
減損損失	200
合計	300
税率	30%
繰延税金資産の金額	90

■損益計算書（税効果会計の適用後）

売上	1000
売上原価	△ 500
受注損失引当金繰入額	△ 100
減損損失	△ 200
税引前利益	200
法人税等	△ 150
法人税等調整額	90
税金費用の合計	60
税引後利益	140

【監修者紹介】

山岸　聡（統括監修）

公認会計士。第4事業部で監査業務に携わる一方，品質管理本部会計監理部も兼務し，監査チームから会計処理に関するコンサルテーション業務にも関与している。書籍の執筆，研修会の講師多数。
共著に「連結財務諸表の会計実務」（中央経済社），「減損会計の完全実務解説」（財形詳報社），「有価証券報告書のチェックポイント」（税務研究会出版局）がある。
また，最近の著作として週刊経営財務で「Q&A監査の現場から」の責任者として全執筆者の原稿をレビュー。

中井　清二（監修）

公認会計士。第2事業部に所属。
ITソフトウェア産業や製造業，小売業，サービス業等の監査業務に加え，IPO支援業務やIFRS対応業務に従事。ITソフトウェア業界団体向けのセミナー講師も行う。
共著に「ベンダーとユーザーのためのソフトウェア会計実務Q&A」（清文社）がある。

新居　幹也（監修）

公認会計士。第5事業部に所属。
不動産業，素材産業，商社，IT産業等の会計監査，内部統制構築助言業務，IPO支援業務等に関与するほか，ベンチャー支援企業であるEY新日本クリエーション株式会社を立ち上げ執行役員を歴任。
共著・監修に「図解でざっくり会計シリーズ①　税効果会計のしくみ」「同⑨　決算書のしくみ」「図解でスッキリ会計　外貨建取引の会計入門」「不動産取引の会計・税務QA」（以上，中央経済社）等がある。

藤原　由佳（監修）

公認会計士。第3事業部に所属。
国内監査部門において，倉庫物流会社，小売業，メーカー等の監査に従事するとともに，IPO準備の会社の準金商法監査やIFRSアドバイザリー業務に従事する。
共著に「図解でざっくり会計シリーズ⑨　組織再編会計のしくみ」（中央経済社）がある。

【執筆者紹介】

菊池　玲子（§１，§４，企画・編集・レビュー）

公認会計士。第４事業部に所属。
小売業，製造業，公益法人等の監査のほか，IPO支援業務，IFRS対応業務，地方公共団体の受託事業に関与。
監査法人勤務前は，出版社にて編集に従事。
共著に「図解でざっくり会計シリーズ④　減損会計のしくみ」「同⑨　決算書のしくみ」「図解でスッキリ会計　外貨建取引の会計入門」「同　ストック・オプションの会計・税務入門」（以上，中央経済社）。また毎日新聞のウェブサイト「経済プレミア」に「キラリと光る経営者への道」を執筆。

吉田　陽介（§２，§８）

公認会計士。第３事業部に所属。
情報サービス業，製造業，不動産業等の監査業務に従事するとともに，上場支援業務に従事している。

松川　拓郎（§２）

公認会計士。第３事業部に所属。
製造業，情報サービス業等の上場会社を担当し，IFRS・日本基準・米国基準による監査業務に従事。また，監査法人ホームページの企業会計ナビに「受注制作のソフトウェアの収益認識基準（進行基準）と受注損失引当金」を執筆。

本田　真美（§３）

公認会計士。第３事業部に所属。
主として，情報サービス産業，小売業，製造業等の上場企業及び上場準備企業等の監査業務に従事。

西口　昌宏（§３）

公認会計士。企業成長サポートセンターに所属。
情報サービス業等のIPO準備企業に対する支援･監査に従事している。第１事業部を兼務し，上場会社の監査にも従事している。
共著に「最新スポーツビジネスの基礎」（同文舘出版）がある。

椎名　厚仁（§５）

公認会計士。第１事業部に所属。
製造業，情報サービス業の監査業務を担当するほか，日本公認会計士協会東京会監査委員会の委員も務める。
監査法人勤務前は，情報サービス企業にシステムエンジニアとして従事。
共著に「図解でスッキリ　ストック･オプションの会計･税務入門」「M&AにおけるPPA（取得原価配分）の実務」（中央経済社）がある。

伊藤　有輝（§６）

公認会計士。第２事業部に所属。
情報・通信業，教育サービス業，小売業，外食業等の監査，上場準備業務及び内部統制助言業務等に関与。
共著に「図解でざっくり会計シリーズ⑨　決算書のしくみ」（中央経済社）がある。

鎌田　善之（§７）

公認会計士。第１事業部に所属。
情報サービス業，製造業の監査業務を担当するほか，IFRS対応業務，IPO支援業務に従事。
法人内のセクターナレッジ活動として，現在ソフトウェアセクターのメンバーとして活動中であり，化学セクターや素材セクターの担当も歴任。
共著に「会社法決算書の読み方・作り方（第12版）」（中央経済社）「ここがポイント! 決算書の税金科目クイックレビュー」（同文舘出版）がある。

池田　洋平（§8，レビュー）

公認会計士。第3事業部に所属。
主に上場会社の監査業務，IPO準備会社への監査・業務改善アドバイス，品質管理業務に従事。ソフトウェア関連の担当が多く，現在は業界向けセミナー講師を務めるなど，ソフトウェアセクターのメンバーとして活動中。その他，建設業，創薬ベンチャー，サービス業，食品製造業や機器製造業などの各種担当を歴任。

櫻井　靖洋（§9，§4，レビュー）

公認会計士。第3事業部に所属。
小売業，卸売業，情報サービス業等の監査業務のほか，IFRS対応業務，IPO支援業務に従事する一方で，品質管理部門を兼務。その他製造業，物流，倉庫運輸関連，専門商社，精密機器，化学，地方自治体の包括外部監査などの各種担当を歴任。
共著に「業種別会計シリーズ　卸売業」（第一法規）がある。

【編者紹介】

EY | Assurance | Tax | Transactions | Advisory

EYについて

EYは，アシュアランス，税務，トランザクションおよびアドバイザリーなどの分野における世界的なリーダーです。私たちの深い洞察と高品質なサービスは，世界中の資本市場や経済活動に信頼をもたらします。私たちはさまざまなステークホルダーの期待に応えるチームを率いるリーダーを生み出していきます。そうすることで，構成員，クライアント，そして地域社会のために，より良い社会の構築に貢献します。

EYとは，アーンスト・アンド・ヤング・グローバル・リミテッドのグローバルネットワークであり，単体，もしくは複数のメンバーファームを指し，各メンバーファームは法的に独立した組織です。アーンスト・アンド・ヤング・グローバル・リミテッドは，英国の保証有限責任会社であり，顧客サービスは提供していません。詳しくは，ey.com をご覧ください。

新日本有限責任監査法人について

新日本有限責任監査法人は，EYの日本におけるメンバーファームです。監査および保証業務をはじめ，各種財務アドバイザリーサービスを提供しています。詳しくは，www.shinnihon.or.jp をご覧ください。

本書は一般的な参考情報の提供のみを目的に作成されており，会計，税務およびその他の専門的なアドバイスを行うものではありません。新日本有限責任監査法人および他のEYメンバーファームは，皆様が本書を利用したことにより被ったいかなる損害についても，一切の責任を負いません。具体的なアドバイスが必要な場合は，個別に専門家にご相談ください。

図解でスッキリ
ソフトウェアの会計・税務入門

2018年5月20日　第1版第1刷発行
2022年7月1日　第1版第9刷発行

編　者　新日本有限責任監査法人
発行者　山　本　　継
発行所　㈱　中　央　経　済　社
発売元　㈱中央経済グループ
　　　　パ　ブ　リ　ッ　シ　ン　グ
〒101-0051　東京都千代田区神田神保町1-31-2
電話　03（3293）3371（編集代表）
03（3293）3381（営業代表）
https://www.chuokeizai.co.jp
印刷／三　英　印　刷　㈱
製本／㈲　井　上　製　本　所

＊頁の「欠落」や「順序違い」などがありましたらお取り替えいたしますので発売元までご送付ください。（送料小社負担）
ISBN978-4-502-25991-3　C3034